Julie Schwob / Photos : Guillaume Czerw

GÂTEAUX DU MONDE

→ 40 recettes sucrées des 5 continents !

MANGO

おめでとう

SOMMAIRE

PRÉFACE

• Au pays de l'illustre Antonin Carême, la pâtisserie est reine ! Et dans le reste du monde alors, quels sont les gâteaux qui font craquer les gourmands ? On connaît, bien sûr, le cake anglais, la forêt-noire allemande ou le *strudel* autrichien. Mais qui a déjà goûté à la *vatrouchka* russe, au *dorayaki* japonais ou à l'*enuycado* colombien ? Ce sont pourtant des recettes qu'il vous suffit juste d'apprendre à connaître et à préparer pour qu'elles soient dignes de figurer à la table des becs sucrés que vous êtes.

• Dans ce livre, je vous propose donc un tour du monde des gâteaux en 40 recettes, glanées sur les cinq continents, un véritable parcours découverte pour gourmands globe-trotteurs.

• Faites-vous plaisir, voyagez et pâtissez !

Julie Schwob

EUROPE

→ Italie - Portugal - Espagne - Grèce - Suisse
Allemagne - Autriche - Pologne - Russie
Finlande - Suède - Angleterre - Écosse

ITALIE

Le tiramisu aurait vu le jour dans un restaurant de Trévise, Le Beccherie, durant les années 1970. La recette originale a été copiée, remaniée, adaptée tant et si bien que de nombreuses villes italiennes en réclament aujourd'hui la paternité.
Le mot italien tiramisu *signifie à peu près « fortifie-moi ». On dit d'ailleurs que selon la tradition trévisane, on offre une part de tiramisu aux jeunes mariés avant la nuit de noces !*

TIRAMISU

POUR 6 PERSONNES
PRÉPARATION : 20 MINUTES
RÉFRIGÉRATION : 2 HEURES
SANS CUISSON

POUR LA CRÈME
500 g de mascarpone
3 œufs
1/2 cuillerée à café de graines de vanille
1 cuillerée à soupe d'amaretto
80 g de sucre semoule

POUR LA BASE
300 g de biscuits à la cuiller
20 cl de café bien fort
2 cuillerées à soupe d'amaretto
Cacao amer en poudre pour la déco

• Préparez la crème : séparez les blancs d'œufs des jaunes. Dans un saladier, travaillez le mascarpone avec une fourchette pour l'assouplir. Ajoutez un à un les jaunes d'œufs, l'amaretto, 50 g de sucre et les graines de vanille en mélangeant bien à chaque fois.

• Montez les blancs en neige bien ferme avec le reste de sucre. Incorporez-les délicatement à la préparation précédente. Réservez cette crème au réfrigérateur.

• Mélangez le café et l'amaretto. Imbibez les biscuits d'un seul côté dans le café puis tapissez-en le fond d'un plat creux. Recouvrez d'une couche de crème puis ajoutez à nouveau une couche de biscuits. Terminez par une couche de crème. Laissez prendre au réfrigérateur 2 heures minimum.

• Juste avant de servir, saupoudrez le tiramisu de cacao en poudre.

Vous pouvez également réaliser la base du tiramisu avec du biscuit de Savoie ou du pandoro (gâteau véronais) un peu sec.

Le fameux panettone de Milan est une brioche que l'on servait traditionnellement pour les fêtes de Pâques et de Noël. Sa recette remonterait au XVe siècle. Tellement appréciée des gourmands, elle figure désormais sur de nombreuses tables du petit-déjeuner et au goûter, tout au long de l'année et bien au-delà de la péninsule italienne. Au Pérou, le paneton *est incontournable à Noël.*

PANNETONE
(brioche aux fruits confits)

POUR 6 À 8 PERSONNES
PRÉPARATION : 35 MINUTES
REPOS : 5 HEURES
CUISSON : 1 HEURE

400 g de farine
20 g de levure de boulanger fraîche ou 1 sachet de levure déshydratée
2 œufs
25 g d'écorces d'orange confite
25 g d'écorces de citron confit
75 g de raisins secs
Le zeste de 1 citron non traité
20 cl de lait
150 g de beurre ramolli
30 g de beurre fondu
80 g de sucre semoule
2 sachets de sucre vanillé
Sucre glace
1 cuillerée à café de sel fin
Beurre et farine pour le moule

• Préparez un levain : dans un bol, délayez la levure avec la moitié du lait légèrement tiédi et 1 cuillerée à soupe de sucre semoule. Laissez reposer jusqu'à ce que le levain commence à mousser.

• Déposez la farine dans une terrine et formez un puits. Versez le levain et mélangez du bout des doigts en ajoutant petit à petit le reste de lait et de sucre semoule, le sucre vanillé, le sel, les œufs battus et le zeste de citron. Travaillez la pâte pendant 10 minutes à la main (ou 5 minutes au batteur muni du crochet, à vitesse lente) afin d'obtenir une consistance homogène. Ajoutez ensuite le beurre ramolli coupé en dés et travaillez à nouveau la pâte jusqu'à ce qu'elle soit bien souple et non collante. Couvrez-la d'un torchon propre et laissez-la lever 2 heures près d'une source de chaleur (25 à 30 °C) ou dans le four (th. 1) porte entrouverte.

• Incorporez délicatement à la pâte les fruits confits et les raisins secs. Formez une boule et déposez-la dans le moule à panettone beurré et fariné. Laissez pousser à nouveau 3 heures à température ambiante chaude : la pâte doit doubler de volume.

• Préchauffez le four à 160 °C (th. 5-6).

• À l'aide d'un pinceau, badigeonnez la pâte de beurre fondu. Enfournez et faites cuire 1 heure environ.

• Démoulez la brioche et laissez-la refroidir sur une grille. Saupoudrez-la d'un peu de sucre glace et dégustez.

En Sicile, ce dessert se sert traditionnellement pour les fêtes de Pâques. Contre toute attente, il se rapproche du trifle *anglais : un mélange de biscuits détrempés dans de la liqueur, de la crème – ici à base de ricotta – et des fruits confits.*

CASSATA
(dessert aux fruits confits sicilien)

POUR 6 PERSONNES
PRÉPARATION : 40 MINUTES
RÉFRIGÉRATION : 2 HEURES
CUISSON : 10 À 12 MINUTES

POUR LA PÂTE
70 g de farine
2 œufs
Le zeste râpé de 1 citron non traité
50 g de sucre semoule

POUR LA CRÈME À LA RICOTTA
500 g de ricotta
50 g d'un mélange d'écorces d'orange et de citron confits coupées en dés
2 cuillerées à soupe de marasquin (liqueur de cerise amère italienne)
60 g de sucre semoule

POUR LA DÉCO
50 g d'écorces d'orange ou de clémentine confites
100 g de tranche de melon confit
1 cerise confite
30 g d'angélique confite
200 g de pâte d'amandes verte
100 g de confiture d'abricots

• Préchauffez le four à 180 °C (th. 6).

• Préparez la pâte : à l'aide du batteur, fouettez les œufs et le sucre afin que le mélange devienne très mousseux et double de volume. Ajoutez le zeste de citron puis la farine en pluie. Mélangez bien le tout.

• Étalez la pâte sur une plaque de cuisson recouverte de papier sulfurisé. Enfournez et faites cuire 10 à 12 minutes.

• Préparez la crème à la ricotta en mélangeant délicatement l'ensemble des ingrédients dans une terrine.

• Lorsque le gâteau est totalement refroidi, coupez-le en bandelettes de 2 cm de large environ. Tapissez l'intérieur d'un moule à bombe ou d'un cul-de-poule avec la moitié des bandelettes de gâteau. Recouvrez d'une couche de crème à la ricotta. Ajoutez une couche de gâteau puis étalez dessus le reste de crème. Terminez par une dernière couche de gâteau. Faites prendre 2 heures au réfrigérateur.

• Étalez très finement la pâte d'amandes sur le plan de travail.

• Démoulez le gâteau sur un plat de service. Badigeonnez-le de confiture d'abricots puis recouvrez-le de pâte d'amandes. Décorez avec les fruits confits. Servez bien frais.

Bom Dia

PORTUGAL

Ces tartelettes au flan sont des classiques de la pâtisserie portugaise. Les recettes font l'objet des plus grands secrets ! Dégustez ces pastéis *avec une* bica, *l'appellation lisboète de la tasse de café locale.*

PASTÉIS DE BELÉM

POUR 8 TARTELETTES ENVIRON
PRÉPARATION : 20 MINUTES
CUISSON : 15 MINUTES

400 g de pâte feuilletée
35 g de farine
4 jaunes d'œufs + 1 œuf entier
1 gousse de vanille
25 cl de crème liquide
25 cl de lait
Le zeste et le jus de 1 citron
250 g de sucre semoule
1 pincée de sel

• Préchauffez le four à 180 °C (th. 6)

• Dans un saladier, fouettez vivement les jaunes d'œufs et l'œuf entier avec le sucre, le zeste et le jus de citron. Ajoutez la farine, le sel et fouettez à nouveau vivement (il ne doit pas y avoir de grumeaux).

• Dans une casserole, faites chauffer le lait et la crème liquide avec la gousse de vanille fendue en deux dans la longueur.

• Aux premiers bouillons, retirez la casserole du feu, récupérez la gousse et grattez les graines dans le lait. Versez délicatement ce mélange sur les œufs. Transvasez à nouveau dans la casserole et faites épaissir sur feu doux en remuant régulièrement jusqu'à ce que la préparation prenne une consistance de crème pâtissière. Retirez aussitôt la casserole du feu.

• Étalez la pâte feuilletée très finement en un rectangle de 20 × 25 cm. Roulez le rectangle de pâte sur lui-même pour obtenir un long boudin. Découpez des tronçons de 4 cm d'épaisseur.

• Placez chaque tronçon dans un moule à tartelette (ou à *pastel de nata*) en la répartissant bien dans le fond du moule avec le pouce légèrement mouillé ; laissez déborder un peu de pâte de chaque côté pour éviter qu'elle ne se rétracte trop.

• Garnissez les fonds de tarte de flan. Enfournez et faites cuire 15 minutes environ : les *pastéis* doivent avoir l'air légèrement brûlés sur le dessus.

ESPAGNE

En Espagne, les enfants reçoivent leurs cadeaux des Rois mages, qui les leur apportent le 6 janvier, lors de l'Épiphanie. Dans les villes côtières, ils débarquent en bateau ; dans le Sud, ils arrivent à dos de chameau !
À cette occasion, on déguste la couronne des Rois dans laquelle on a placé une petite pièce, un bijou ou un pois sec : le roi ou la reine pour la journée est celui ou celle qui trouve la fève en croquant dans sa couronne !

ROSCÓN DE REYES
(couronne des Rois)

POUR 6 PERSONNES
PRÉPARATION : 30 MINUTES
REPOS : 12 HEURES
CUISSON : 20 MINUTES

250 g de farine
10 g de levure fraîche de boulanger ou 1 sachet de levure sèche
1 œuf
1 jaune d'œuf battu pour la dorure
4 cerises confites
1 clémentine confite
4 morceaux d'angélique confite
1 cuillerée à café d'extrait d'amande amère
1 cuillerée à café d'eau de fleur d'oranger
12 cl de lait tiède
60 g de beurre coupé en dés
50 g de beurre fondu
30 g de sucre semoule
1/2 cuillerée à café de sel

• La veille, préparez la pâte : dans un saladier, délayez la levure avec la moitié du lait tiède afin qu'elle soit bien dissoute. Incorporez 50 g de farine. Laissez pousser ce levain près d'une source de chaleur (25 à 30 °C) ou dans le four (th. 1), porte entrouverte pendant 20 minutes (il doit doubler de volume).

• Versez le reste de farine dans un second saladier et faites un puits. Ajoutez le sel, le sucre semoule, l'œuf battu, l'extrait d'amande, l'eau de fleur d'oranger, le beurre fondu, le reste de lait puis le levain. Pétrissez jusqu'à l'obtention d'une pâte homogène. Incorporez enfin les dés de beurre et pétrissez à nouveau. Couvrez la pâte d'un linge et laissez-la reposer 1 heure 30 afin qu'elle soit bien gonflée. Repliez-la ensuite sur elle-même pour chasser les bulles d'air et placez-la toute la nuit au réfrigérateur.

• Le jour même, préchauffez le four à 180 °C (th. 6).

• Façonnez un épais boudin de pâte et fermez les deux extrémités comme une bouée (pensez à cacher une pièce ou une fève dans la pâte). Badigeonnez de jaune d'œuf battu puis décorez de fruits confits.

• Enfournez et faites cuire 20 minutes environ. Laissez refroidir. Et n'oubliez pas la couronne pour le roi ou la reine !

Ce gâteau est très populaire dans la région de la Castille et, plus particulièrement, dans la ville de Guadalaraja dont il serait originaire. Il s'agit d'un biscuit bien aéré, imbibé d'un sirop de rhum ou de vin doux de Xérès puis parfumé à la cannelle. La traduction littérale du nom de la recette est « biscuit ivre » !

BIZCOCHOS BORRACHOS
(biscuit ivre)

POUR 6 PERSONNES
PRÉPARATION : 20 MINUTES
CUISSON : 30 MINUTES

175 g de farine
1/2 sachet de levure chimique
4 œufs
1 cuillerée à soupe de cannelle en poudre
100 g de sucre semoule
Beurre et farine pour le moule

POUR LE SIROP
5 cl de vin doux liquoreux
1 1/2 cuillerée à soupe de miel liquide
Le zeste de 1/2 citron non traité
25 cl d'eau
100 g de sucre semoule

- Préchauffez le four à 180 °C (th. 6).
- Beurrez et farinez un moule à génoise. Tamisez la farine avec la levure.
- Séparez les blancs d'œufs des jaunes. Dans un saladier, fouettez les jaunes avec la moitié du sucre afin que la préparation devienne très mousseuse.
- Montez les blancs en neige ferme avec le reste de sucre. Incorporez-les délicatement aux jaunes blanchis. Ajoutez ensuite la farine en pluie et mélangez bien.
- Versez la préparation dans le moule. Enfournez et faites cuire 30 minutes.
- Pendant ce temps, préparez le sirop : dans une petite casserole, déposez le sucre, le miel, le zeste de citron et l'eau. Portez à ébullition en remuant de temps en temps puis laissez bouillir 1 minute. Retirez la casserole du feu, versez l'alcool et mélangez. Laissez refroidir complètement.
- À la sortie du four, piquez délicatement le gâteau avec une fourchette. Versez la moitié du sirop sur le gâteau et laissez-le refroidir.
- Coupez le gâteau en parts. Arrosez-les avec le sirop restant et saupoudrez-les de cannelle en poudre. Dégustez accompagné d'un café ou d'un thé.

Il existe plusieurs variantes du gâteau basque : nature, à la crème à la vanille ou à la fameuse confiture de cerises noires.

Des deux côtés de la frontière, le pastel *est un mythe, et les concours du meilleur gâteau basque sont légion. Voici un lien pour entrer dans la joute si le cœur vous en dit : www.lafetedugateaubasque.com/le-concours/*

EUSKAL PASTELA – PASTEL VASCO
(gâteau basque)

POUR 6 PERSONNES
PRÉPARATION : 20 MINUTES
REPOS : 1 HEURE
CUISSON : 40 MINUTES

300 g de farine
2 œufs entiers
2 jaunes d'œufs
200 g de confiture de cerises noires
Le zeste de 1 citron non traité
200 g de beurre froid coupé en dés
200 g de sucre semoule
1 pincée de sel
Beurre pour le moule

• Préchauffez le four à 180 °C (th. 6).

• Hachez le zeste de citron ou tout petits dés.

• Dans un saladier, mélangez la farine avec le sel, les zestes et le sucre. Sablez la farine du bout des doigts, comme une pâte à crumble, en ajoutant les dés de beurre petit à petit. Faites un puits ; ajoutez 1 œuf entier et les jaunes battus puis incorporez-les délicatement à la farine sans trop travailler la pâte. Filmez et laissez reposer 1 heure au réfrigérateur.

• Étalez les deux tiers de la pâte dans un moule à manqué beurré en la remontant bien sur les bords. Garnissez de confiture de cerises puis recouvrez avec la pâte restante. À l'aide d'un pinceau, dorez la surface de la pâte avec l'autre œuf entier battu. Quadrillez le dessus avec la pointe d'un couteau.

• Enfournez le gâteau et faites cuire 40 minutes. Laissez refroidir avant de démouler.

GRÈCE

En Grèce, nombre de gâteaux sont imbibés de sirop ou de miel, un judicieux moyen d'éviter qu'ils se dessèchent trop. Le karidopita *est traditionnellement aromatisé à la cannelle mais aussi avec un sirop de miel au citron.*

KARIDOPITA D'IRÈNE
(gâteau aux noix et au miel)

POUR 8 PERSONNES
PRÉPARATION : 20 MINUTES
CUISSON : 30 MINUTES

200 g de farine
1/2 cuillerée à soupe de levure chimique
200 g de cerneaux de noix
4 œufs
75 g de beurre fondu
1 cuillerée à soupe de cannelle en poudre
150 g de sucre semoule
Beurre pour le moule

POUR LE SIROP D'IMBIBAGE
100 g de miel
Le jus de 1 citron (facultatif)
40 cl d'eau
250 g de sucre semoule

• Préchauffez le four à 180 °C (th. 6).

• Mixez 150 g de noix en fine poudre et hachez grossièrement le reste. Séparez les blancs des jaunes. Montez les blancs en neige avec 50 g de sucre.

• Dans un saladier, fouettez les jaunes avec le reste de sucre jusqu'à ce que le mélange mousse et blanchisse. Ajoutez le beurre fondu puis la poudre de noix, la farine, la cannelle et la levure. Incorporez délicatement les blancs en neige.

• Versez la préparation dans un moule beurré. Enfournez et faites cuire 30 minutes.

• Pendant ce temps, préparez le sirop d'imbibage : faites chauffer l'ensemble des ingrédients du sirop dans une casserole jusqu'à ébullition. Retirez du feu et laissez refroidir.

• Sortez le gâteau du four et piquez-le délicatement avec une fourchette. Arrosez-le généreusement de sirop : il doit être presque ruisselant de sirop ! Laissez-le refroidir avant de déguster.

SUISSE

Ce sont les lebkuchen *(pâtissiers spécialisés dans les pains d'épices) de Bâle qui ont, les premiers, inventé ces* läckerli *au* XIVe *siècle. Dès cette époque, ces « petits succulents » (*lecker *signifie délicieux et* li *en est le diminutif) ravissaient les papilles des habitants fortunés de la ville. Contrairement au pain d'épices, que l'on jugeait sec et de basse facture, les* läckerli *furent immédiatement appréciés pour leur moelleux et la richesse de leur saveur. Ils furent ensuite adoptés et repris par les pâtissiers des autres cantons. Aujourd'hui, on reconnaît les* läckerli *de Bâle à leur forme carrée caractéristique.*

BASLEN LÄCKERLI

(biscuits aux fruits confits de Bâle)

POUR 6 PERSONNES
PRÉPARATION : 20 MINUTES
REPOS : 1 NUIT
CUISSON : 15 MINUTES

300 g de farine
120 g de citron et d'orange confits
125 g d'amandes mondées (sans la peau)
250 g de miel liquide
Le jus de 1 orange
1 cuillerée à café de cannelle en poudre
1/2 cuillerée à café de muscade en poudre
5 g de bicarbonate de soude
125 g de sucre semoule
1 grosse pincée de sel
Beurre et farine pour la plaque

POUR LE GLAÇAGE
Le jus de 1 citron
100 g de sucre glace

• La veille, coupez les fruits confits en petits dés. Faites-les macérer dans le jus d'orange.

• Hachez grossièrement les amandes.

• Tamisez ensemble la farine, le sel et le bicarbonate.

• Dans une casserole, faites chauffer doucement le miel avec le sucre semoule. Hors du feu, ajoutez les amandes, les épices, les fruits confits et leur jus. Mélangez bien. Lorsque la préparation est homogène, incorporez le mélange à base de farine.

• Déposez la pâte sur une plaque de cuisson beurrée et farinée. Aplatissez-la avec la paume de la main de façon à obtenir une forme carrée de 1 cm d'épaisseur. Recouvrez d'une feuille de papier sulfurisé et laissez reposer à température ambiante toute la nuit.

• Le jour même, préchauffez le four à 200 °C (th. 6-7).

• Enfournez la pâte et faites cuire 15 minutes.

• Réalisez le glaçage : dans un bol, mélangez à la fourchette le sucre glace avec le jus de citron (la consistance doit être assez épaisse).

• Sortez la plaque du four, ôtez le papier et badigeonnez le gâteau de glaçage. Laissez figer quelques instants puis découpez le gâteau encore chaud en carrés réguliers.

ALLEMAGNE

Le pâtissier Josef Keller revendique la paternité de la forêt-noire, qu'il aurait inventée en 1915 au célèbre Café Agner dans la région de Bad Godesberg. Cela n'a jamais été vérifié. On sait toutefois que ce gâteau tient son nom de la liqueur de cerise réalisée historiquement dans la région du sud de la Forêt-Noire, la Schwartzwälder Kirschwasser.

SCHWARTZWÄLDER KIRSCHTORTE

(forêt-noire)

POUR 6 PERSONNES
PRÉPARATION : 50 MINUTES
CUISSON : 30 MINUTES

POUR LA GÉNOISE
90 g de farine tamisée
4 œufs
35 g de cacao amer en poudre
125 g de sucre semoule
Beurre et farine pour le moule

POUR LA GARNITURE
150 g de cerises fraîches dénoyautées ou de griottes au sirop
15 cl de sirop de cerise
180 g de chocolat noir à pâtisser
1 cuillerée à soupe de vanille liquide
30 cl de crème liquide entière
20 g de sucre glace

- Préchauffez le four à 180 °C (th. 6).

- Réalisez la génoise : dans un saladier placé sur un bain-marie d'eau frémissante, fouettez les œufs avec le sucre jusqu'à ce que le mélange devienne mousseux. Retirez le saladier du feu lorsque la préparation est légèrement chaude. Fouettez le mélange au batteur 5 minutes afin qu'il double de volume. Incorporez la farine et le cacao.

- Versez la pâte dans un moule à génoise beurré et fariné. Enfournez et faites cuire 30 minutes. Laissez-la refroidir.

- Préparez la garniture : faites fondre 80 g de chocolat noir concassé au bain-marie puis laissez-le refroidir.

- Fouettez 15 cl de crème liquide ; ajoutez le chocolat fondu et fouettez à nouveau en chantilly bien ferme.

- Montez le reste de crème avec la vanille et le sucre glace en chantilly. Réservez ces crèmes au réfrigérateur.

- Démoulez la génoise et coupez-la en trois dans l'épaisseur. Imbibez chaque tranche avec le sirop de cerise. Garnissez la base avec la moitié de la chantilly à la vanille et la moitié des cerises. Recouvrez avec la tranche intermédiaire puis garnissez celle-ci de chantilly au chocolat et du reste de cerises (réservez 6 à 8 cerises pour la déco). Déposez le chapeau de la génoise par-dessus. Recouvrez entièrement le gâteau d'une fine couche de chantilly à la vanille.

- À l'aide d'une poche à douille, réalisez des rosaces de chantilly sur la surface du gâteau ; déposez 1 cerise sur chaque rosace. Avec le reste de chocolat, réalisez de fins copeaux à l'économe. Appliquez-les sur les côtés de la forêt-noire. Réservez au réfrigérateur jusqu'à dégustation.

Sachertorte & apfelstrudel

AUTRICHE

À Vienne, en 1832, suite à la défaite de Napoléon, le chancelier d'Autriche recevait sans discontinuer les diplomates et souverains européens afin de reconstruire les frontières des pays. Tant et tant qu'il demandait sans cesse à son chef de cuisine, Franz Sacher, d'inventer des plats et des desserts qui procureraient la joie et l'admiration de ses hôtes.
Et ledit cuisinier d'entreprendre un jour de confectionner un gâteau aussi riche en chocolat qu'en farine, ce qui ne s'était jamais fait auparavant : la sachertorte *était née. Dès lors, elle connut un tel succès que Franz Sacher ouvrit une boutique pour commercialiser sa fameuse recette.*

SACHERTORTE
(gâteau au chocolat et à l'abricot)

POUR 6 À 8 PERSONNES
PRÉPARATION : 20 MINUTES
CUISSON : 1 HEURE

150 g de farine
70 g de chocolat noir à pâtisser
80 g de cacao amer en poudre
7 œufs
300 g de confiture d'abricots
150 g de beurre ramolli
200 g de sucre semoule
Beurre et farine pour le moule

POUR LE NAPPAGE
150 g de chocolat noir à pâtisser
2 cuillerées à soupe de gelée d'abricots
90 g de beurre

- Préchauffez le four à 180 °C (th. 6).
- Séparez les blancs d'œufs des jaunes. Dans un saladier, fouettez vivement les jaunes avec 150 g de sucre et le beurre jusqu'à ce que le mélange blanchisse.
- Faites fondre le chocolat concassé avec le cacao au bain-marie. Laissez tiédir puis incorporez au mélange à base de jaunes d'œufs.
- Montez les blancs en neige ferme. Incorporez le reste de sucre à la fin et continuez de fouetter pour bien serrer les blancs.
- Ajoutez alternativement la farine et les blancs en neige à la préparation au chocolat.
- Versez la pâte dans un moule rond beurré et fariné. Enfournez et faites cuire pendant 1 heure.
- À la sortie du four, démoulez le gâteau et laissez-le refroidir. Coupez-le ensuite en deux dans l'épaisseur. Tartinez la base de confiture puis posez dessus le chapeau du gâteau. Recouvrez la surface et les côtés avec de la confiture.
- Réalisez le nappage : dans une casserole, faites fondre le chocolat et le beurre à feu doux. Réchauffez doucement la gelée puis mélangez-la au chocolat fondu.
- Étalez le nappage sur le dessus et les côtés du gâteau (travaillez rapidement, car le nappage durcit vite). Placez le gâteau au réfrigérateur jusqu'au moment de servir.

Le strudel *est un gâteau dont l'origine est revendiquée par de nombreux pays de l'est de l'Europe. En Hongrie, on le connaît sous le nom magyar de* rétès, *en Allemagne et en Autriche sous le nom de* strudel, *qui signifie tourbillon. La technique de fabrication de la pâte est pointue et nécessite de l'entraînement, l'idée étant de l'étaler aussi finement qu'un papier de soie ; si finement que l'on puisse même lire à travers !*

APFELSTRUDEL

(roulé aux pommes et aux raisins)

POUR 6 À 8 PERSONNES
PRÉPARATION : 40 MINUTES
REPOS : 30 MINUTES
CUISSON : 30 MINUTES

POUR LA PÂTE

250 g de farine T45
1 œuf
5 cuillerées à soupe d'eau tiède
3 cuillerées à soupe d'huile de tournesol
$^{1}/_{2}$ cuillerée à café de sel

POUR LA GARNITURE

4 pommes type golden
100 g de raisins moelleux
50 g de poudre d'amandes
2 cuillerées à soupe de cannelle en poudre
Le jus de 1 citron
3 cuillerées à soupe de rhum
50 g de beurre fondu tiède
1 pincée de sel

• Préparez la pâte : dans une terrine, mélangez la farine et le sel. Dans un bol, battez l'œuf avec l'huile et l'eau. Versez ce mélange dans la farine et travaillez la pâte jusqu'à ce qu'elle devienne homogène et souple. Façonnez une boule, recouvrez-la d'un linge propre et laissez-la reposer 30 minutes près d'une source de chaleur (25 à 30 °C) ou dans le four (th. 1), porte entrouverte.

• Préchauffez le four à 200 °C (th. 6-7).

• Préparez la garniture : faites gonfler les raisins dans une tasse avec le rhum mélangé à 3 cuillerées à soupe d'eau chaude.

• Épluchez les pommes et coupez-les en fines lamelles. Déposez-les dans un saladier. Ajoutez les raisins égouttés, le jus de citron, la cannelle, la poudre d'amandes et le sel. Mélangez délicatement pour ne pas trop casser les pommes.

• Abaissez la pâte sur un torchon propre légèrement fariné puis étalez-la aussi finement que possible. Avec les mains farinées, étirez-la délicatement jusqu'à ce qu'elle devienne uniformément translucide.

• Étalez une fine couche de pommes sur le rectangle de pâte puis roulez celui-ci sur lui-même. À l'aide d'un pinceau, badigeonnez-le de beurre fondu.

• Enfournez et faites cuire 30 minutes (n'hésitez pas à badigeonner le *strudel* avec le reste de beurre fondu en cours de cuisson).

POLOGNE

Ce gâteau est un grand classique de la cuisine familiale de l'Europe de l'Est. Il suit les saisons : on peut le réaliser avec des pommes, de la rhubarbe, des prunes, des abricots... Dans la version allemande, la streuseltorte, *on ajoute parfois du muesli ou des flocons d'avoine dans le crumble.*

POUR 6 PERSONNES
PRÉPARATION : 20 MINUTES
CUISSON : 50 MINUTES

POUR LA TARTE

1 pâte sablée (230 g environ)
5 pommes
30 g de raisins moelleux
2 cuillerées à soupe rases de cannelle en poudre
20 g de beurre
30 g de cassonade

POUR LE CRUMBLE

150 g de farine
120 g de beurre en morceaux
120 g de cassonade

SZARLOTKA

(gâteau pomme-cannelle)

• Préchauffez le four à 180 °C (th. 6).

• Abaissez la pâte sur le plan de travail et piquez-la avec les dents d'une fourchette. Foncez un moule à tarte avec la pâte. Enfournez et faites précuire la pâte à blanc 15 minutes.

• Pendant ce temps, pelez les pommes et coupez-les en petites lamelles. Faites fondre le beurre dans une poêle puis faites dorer les pommes avec les raisins 3 à 4 minutes. Saupoudrez de cannelle et de cassonade pour qu'elles caramélisent légèrement. Éteignez le feu.

• Préparez la pâte à crumble en mélangeant dans un saladier le beurre, la farine et la cassonade du bout des doigts pour obtenir une consistance granuleuse.

• Sortez le fond de pâte du four puis garnissez-le de pommes. Émiettez le crumble par-dessus. Enfournez à nouveau et faites cuire 35 minutes environ : le dessus de la tarte doit être bien doré.

POLSKA

En Pologne, il existe de nombreux desserts au pavot, dont le célèbre makowiec, *une brioche roulée au pavot, aux raisins et au rhum. Cette tarte en est une adaptation rapide et tout aussi délicieuse.*

MAKOWIEC

(tarte au pavot)

POUR 6 PERSONNES
PRÉPARATION : 40 MINUTES
CUISSON : 30 À 40 MINUTES

400 g de pâte sablée
300 g de graines de pavot
2 œufs + 1 jaune pour la dorure
50 g de raisins secs
40 g de semoule fine
50 g de poudre d'amandes
Le zeste de 1 orange non traitée
40 cl de lait
10 cl de rhum
30 g de beurre
90 g de sucre semoule

• Hachez le zeste d'orange en tout petits dés. Faites-les macérer avec les raisins pendant 10 minutes dans le rhum tiédi.

• Mixez les graines de pavot avec la poudre d'amandes pour qu'elles libèrent un peu d'huile. Réservez.

• Dans une casserole, portez le lait à ébullition avec le beurre et le sucre. Hors du feu, ajoutez le mélange pavot-amandes, les raisins et les zestes égouttés, la semoule et les œufs. Mélangez bien le tout.

• Réservez le quart de la pâte sablée et abaissez le reste sur le plan de travail. Étalez-le dans un moule à manqué puis piquez le fond avec les dents d'une fourchette. Ajoutez la garniture sur la pâte.

• Réalisez des croisillons avec la pâte réservée puis déposez-les sur la garniture afin de décorer la tarte. Badigeonnez-les de jaune d'œuf à l'aide d'un pinceau.

• Enfournez la tarte et faites cuire 30 à 40 minutes selon la taille du moule. Laissez refroidir avant de démouler.

RUSSIE

La vatrouchka *est tout simplement l'ancêtre du cheesecake à la mode aujourd'hui ! Car ce sont bel et bien les migrants d'Europe de l'Est qui emportèrent la recette de la* vatrouchka *avec eux jusqu'en Amérique et l'adaptèrent avec le fameux cream cheese. En Russie, la* vatrouchka *peut se cuisiner sans pâte mais aussi, parfois, avec un fond de pâte briochée ou feuilletée.*

VATROUCHKA
(gâteau au fromage blanc)

POUR 6 PERSONNES
PRÉPARATION : 20 MINUTES
CUISSON : 40 MINUTES

500 g de fromage blanc lisse
500 g de fromage en faisselle
4 œufs
4 cuillerées à soupe de farine
100 g de raisins secs
10 cl de crème fraîche
Le jus de 1 citron
30 g de beurre fondu
175 g de sucre semoule
2 sachets de sucre vanillé
Beurre pour le moule

- Préchauffez le four à 180 °C (th. 6).
- Séparez les blancs d'œufs des jaunes.
- Faites tremper les raisins dans une tasse d'eau tiède.
- À l'aide du batteur, mélangez les deux sortes de fromage blanc avec la crème fraîche, les jaunes d'œufs, les sucres semoule et vanillé. Ajoutez le jus de citron, le beurre fondu et mélangez bien le tout.
- Égouttez les raisins. Montez les blancs en neige ferme.
- Incorporez la farine, les raisins et les blancs en neige à la préparation au fromage en mélangeant au batteur à petite vitesse.
- Versez la préparation dans un moule rond beurré. Enfournez et faites cuire 30 à 40 minutes (vérifiez la cuisson avec une lame de couteau : elle doit ressortir à peine sèche).

ЗАВЕРЕ ОФИЦИРА И

FINLANDE

Le gâteau pomme de pin est un grand classique que l'on sert pour les bonnes occasions en Finlande, fêtes entre amis ou en famille. Il est en fait assez rare de le réaliser soit même, car c'est un gâteau que l'on trouve dans toutes les pâtisseries. Je vous en révèle néanmoins la recette maison, facile à faire, délicieuse et qui plaira beaucoup aux enfants !

KÄPYKAKKU
(gâteau pomme de pin)

POUR 6 PERSONNES
PRÉPARATION : 45 MINUTES
CUISSON : 30 MINUTES

120 g de farine
4 œufs
120 g de sucre semoule
Beurre et farine pour le moule

POUR LA GARNITURE
300 g de mascarpone
150 g de chocolat au lait à pâtisser
300 g de pâte d'amandes blanche
2 cuillerées à soupe de cacao amer en poudre
30 g de sucre semoule

- Préchauffez le four à 180 °C (th. 6).
- Dans un saladier, fouettez les œufs et le sucre au batteur jusqu'à ce que le mélange double de volume. Ajoutez la farine en pluie et mélangez vivement afin d'obtenir une pâte lisse et homogène.
- Versez la pâte dans un moule à manqué carré, beurré et fariné. Enfournez et faites cuire 30 minutes.
- Pendant ce temps, préparez la garniture : faites fondre le chocolat concassé au bain-marie puis laissez-le refroidir.
- Fouettez le mascarpone de façon à l'aérer. Ajoutez le sucre puis le chocolat fondu petit à petit.
- Travaillez la pâte d'amandes entre vos mains pour l'assouplir. Ajoutez progressivement le cacao et malaxez la pâte. Étalez-la finement (2 à 3 mm d'épaisseur) sur le plan de travail.
- Sortez le gâteau du four et laissez-le refroidir. Coupez-le ensuite au couteau en forme de pomme de pin ou de goutte d'eau. Gardez toutes les chutes de gâteau.
- Recouvrez entièrement le gâteau d'une fine couche de mascarpone au chocolat. Coupez les chutes de gâteau en dés puis déposez-les sur le gâteau pour créer le volume de la pomme de pin. Garnissez la totalité de la surface avec le reste de crème. Déposez le gâteau sur un plat. Recouvrez-le de pâte d'amandes et façonnez-la de façon à obtenir la forme de la pomme de pin. Découpez l'excédent de pâte d'amandes au couteau en laissant 1 cm de marge autour que vous glisserez sous le gâteau.
- Réalisez des petites entailles au couteau dans la pâte d'amandes puis soulevez-les légèrement de façon à obtenir les écailles de la pomme de pin. Réfrigérez jusqu'au moment de servir.

SUÈDE

Ces brioches suédoises bien appétissantes font l'unanimité dans le nord de l'Europe et jusqu'aux États-Unis, où leur recette a été adaptée : ce sont les fameux cinnamon rolls *que l'on retrouve dans la plupart des* bakery shops *américaines.*

POUR 20 BRIOCHETTES
PRÉPARATION : 20 MINUTES
REPOS : 1 H 30
CUISSON : 15 MINUTES

POUR LA PÂTE

700 g de farine
30 g de levure boulangère fraîche
1 œuf
30 cl de lait
1 pincée de cardamome moulue
100 g de beurre fondu
120 g de sucre semoule
1 pincée de sel
Beurre pour la plaque

POUR LA GARNITURE

5 cuillerées à soupe de cannelle en poudre
50 g de beurre fondu
100 g de sucre semoule
70 g de sucre en grains
1 jaune d'œuf pour la dorure

KANELBULLAR

(briochettes à la cannelle)

• Préparez la pâte : dans un saladier, délayez la levure avec la moitié du lait tiédi afin qu'elle soit bien dissoute puis laissez gonfler quelques minutes. Ajoutez l'autre moitié de lait et le beurre fondu puis le reste des ingrédients. Pétrissez à la main pendant 10 minutes environ (ou 5 minutes au batteur muni du crochet) jusqu'à l'obtention d'une pâte homogène.

• Façonnez une boule, couvrez-la d'un torchon propre et laissez-la pousser 30 minutes environ près d'une source de chaleur (25 à 30 °C) ou dans le four (th. 1), porte entrouverte.

• Étalez la pâte sur le plan de travail en un rectangle de 25 × 15 cm. Badigeonnez-le de beurre fondu à l'aide d'un pinceau puis saupoudrez-le de sucre semoule et de cannelle. Roulez le rectangle de pâte sur lui-même sans trop serrer.

• Découpez des rondelles de pâte et déposez ces roulés sur une plaque de cuisson légèrement beurrée. Laissez-les reposer sous un torchon propre à température ambiante chaude pendant environ 1 heure.

• Préchauffez le four à 180 °C (th. 6).

• Dorez les roulés de jaune d'œuf battu puis parsemez-les de sucre en grains. Enfournez et faites cuire 15 minutes.

Angleterre

Institution des desserts d'outre-Manche, ce gâteau qui n'a l'air de rien est une gourmandise à tomber par terre ! Il est encore meilleur recouvert de custard *ou de crème fouettée…*
Les accros trouveront facilement sa version « toute prête à emporter », car il existe aussi en boîte de conserve dans la plupart des supermarchés. Incroyable, non ? Mais cette recette home made *vaut vraiment le coup de passer un peu de temps en cuisine !*

Orange steamed pudding
(gâteau vapeur à l'orange)

POUR 6 PERSONNES
PRÉPARATION : 20 MINUTES
CUISSON : 1 H 30

300 g de farine
1 sachet de levure chimique
Le zeste de 1 orange non traitée
Le jus de 2 oranges
4 œufs
20 cl de sirop d'agave ou d'érable ou de miel liquide
200 g de beurre ramolli
200 g de sucre semoule
Beurre pour le moule

- Beurrez un moule à charlotte. Versez le sirop (ou le miel) dans le moule en tournant celui-ci sur lui-même pour bien répartir le sirop sur les parois.

- Dans un saladier, fouettez le beurre et le sucre jusqu'à l'obtention d'un mélange mousseux. Tout en continuant de fouetter, ajoutez les œufs un à un puis le jus d'orange. Incorporez le zeste d'orange émincé très finement.

- Tamisez ensemble la farine et la levure puis ajoutez l'ensemble à la préparation à l'aide d'une maryse.

- Versez la pâte dans le moule. Placez par-dessus une feuille de papier sulfurisé lâche en laissant de la place pour que le gâteau puisse gonfler, puis recouvrez de papier d'aluminium. Entourez de ficelle de cuisine ou d'un élastique pour tenir l'ensemble bien serré. Placez le moule dans un cuit-vapeur et faites cuire 1 heure 30 environ (pensez à vérifier le niveau de l'eau).

- Sortez le gâteau et laissez-le reposer 5 minutes avant de l'ouvrir. Démoulez-le sur le plat de service.

Outre le cuit-vapeur, plusieurs modes de cuisson à la vapeur sont possibles :

– en autocuiseur : 25 minutes à partir de la rotation de la soupape ;

– en casserole : placez un bol retourné dans le fond ; remplissez la casserole d'eau et posez le moule sur le bol ; couvrez bien hermétiquement et faites cuire 1 heure 30.

À vous de vérifier la cuisson : le steamed pudding *est légèrement gonflé et dodu quand il est suffisamment cuit à l'intérieur.*

La tradition veut que l'on confectionne le Christmas pudding *le soir du* Stir-up Sunday, *fin novembre – c'est-à-dire un mois à l'avance (mais oui !). En effet, plus il est moelleux et imbibé de ses différents parfums, meilleur il sera. Attention : il nécessite un très long temps de préparation et de cuisson… Prévoyez large !*

Christmas pudding
(gâteau de Noël)

POUR 6 PERSONNES
PRÉPARATION : 30 MINUTES
REPOS : 1 NUIT
CUISSON : 6 HEURES
RÉFRIGÉRATION : 1 MOIS

150 g de restes de pain, de brioche ou de gâteau réduits en petits cubes
1 pomme pelée et râpée finement
1/2 carotte pelée et râpée finement
1 gros œuf
150 g de raisins secs
25 g d'écorces d'orange confite coupées en dés
10 cerises confites
15 cl de bière brune
Le jus de 1 orange
1 cuillerée à soupe de quatre-épices
100 g de beurre pommade
80 g de sucre semoule
1 cuillerée à café rase de sel
Beurre pour le moule

POUR LE BRANDY BUTTER
2 cuillerées à soupe de whisky
50 g de beurre pommade
100 g de sucre glace

POUR IMBIBER LE GÂTEAU
1 petite tasse de whisky

• La veille, mixez ensemble le pain, le sucre, le quatre-épices, les raisins secs, les écorces et cerises confites. Ajoutez le beurre pommade, la pomme, la carotte et le sel. Mixez à nouveau.

• Déposez la pâte dans un saladier. Ajoutez le jus d'orange et l'œuf battu. Versez la bière petit à petit et mélangez. Recouvrez de film alimentaire et laissez reposer toute la nuit au réfrigérateur.

• Le jour même, placez un rond de papier sulfurisé dans le fond d'un moule à charlotte beurré. Versez la pâte dans le moule. Posez par-dessus une feuille de papier sulfurisé beurrée puis recouvrez entièrement le moule de papier sulfurisé ; ficelez-le ou fixez-le avec un élastique pour qu'il soit bien hermétique.

• Faites cuire le pudding à la vapeur pendant 6 heures (ajoutez de l'eau bouillante dans le cuit-vapeur en cours de cuisson si besoin). Laissez-le refroidir. Couvrez-le d'un linge propre puis placez-le dans un endroit frais (une cave par exemple) jusqu'au soir de Noël.

• Quelques heures avant de servir, préparez le brandy butter en mixant le beurre avec le whisky et le sucre glace.

• Imbibez le pudding de whisky chaud et nappez-le de brandy butter. Régalez-vous !

ÉCOSSE

Ce gâteau de voyage aux fruits confits et aux amandes est connu à travers toute la Grande-Bretagne. C'est à Dundee, en Écosse, qu'il aurait été réalisé la première fois, au XIXe siècle, avant d'être ensuite utilisé par une grande marque pour faire la promotion de sa marmelade d'oranges (avec laquelle on peut, bien sûr, le déguster !). On le sert également lors des fêtes de Noël avec un whisky chaud au citron et à la cannelle.

DUNDEE CAKE
(cake aux fruits confits)

POUR 4 À 6 PERSONNES
PRÉPARATION : 30 MINUTES
CUISSON : 40 MINUTES

180 g de farine
1/2 sachet de levure chimique
3 œufs
10 cerises confites
40 g d'écorces d'orange confite
50 g de raisins secs
20 amandes mondées entières
Le zeste de 1 citron non traité
2 cuillerées à soupe rases de quatre-épices
15 cl de whisky
Le jus de 1 orange
125 g de beurre demi-sel
180 g de cassonade
Beurre et farine pour le moule

• Préchauffez le four à 180 °C (th. 6).

• Beurrez et farinez un moule à charlotte.

• Faites tremper les raisins secs et les écorces d'orange confite coupées en dés dans 3 cuillerées à soupe de whisky.

• Dans un saladier, fouettez vivement les œufs et la cassonade. Ajoutez la farine, la levure, le quatre-épices et mélangez.

• Faites fondre le beurre puis versez-le dans la pâte en remuant. Ajoutez les raisins secs et les dés d'orange marinés, les cerises confites entières, le zeste de citron et le jus d'orange. Mélangez bien le tout.

• Versez la pâte dans le moule puis disposez les amandes en rosace tout autour. Enfournez et faites cuire 40 minutes environ.

• À la sortie du four, arrosez le gâteau avec le reste de whisky. Démoulez et laissez refroidir complètement.

Accompagnez le dundee cake *d'un verre de whisky réchauffé avec une fine rondelle de citron et une pincée de cannelle.*

PARA
MARANHAO
Madeira
Wyoming
Casper
Rock Springs
Hot Springs
Huron
Sioux Falls
Mason City
Madison
Milwaukee
Lansing
Colum
Knoxv
Huntsvill
Tallahas
Santiago
ETATS-UNIS
ETATS DU CENTRE
Chicago
Omaha
Toledo
Pittsburg
Cincinnati
Louisville
St-Louis
Washington
OUEST
TERRIT
HAPPY BIRTHDAY

AMÉRIQUE DU NORD ET DU SUD

→ USA - Colombie - Uruguay - Brésil

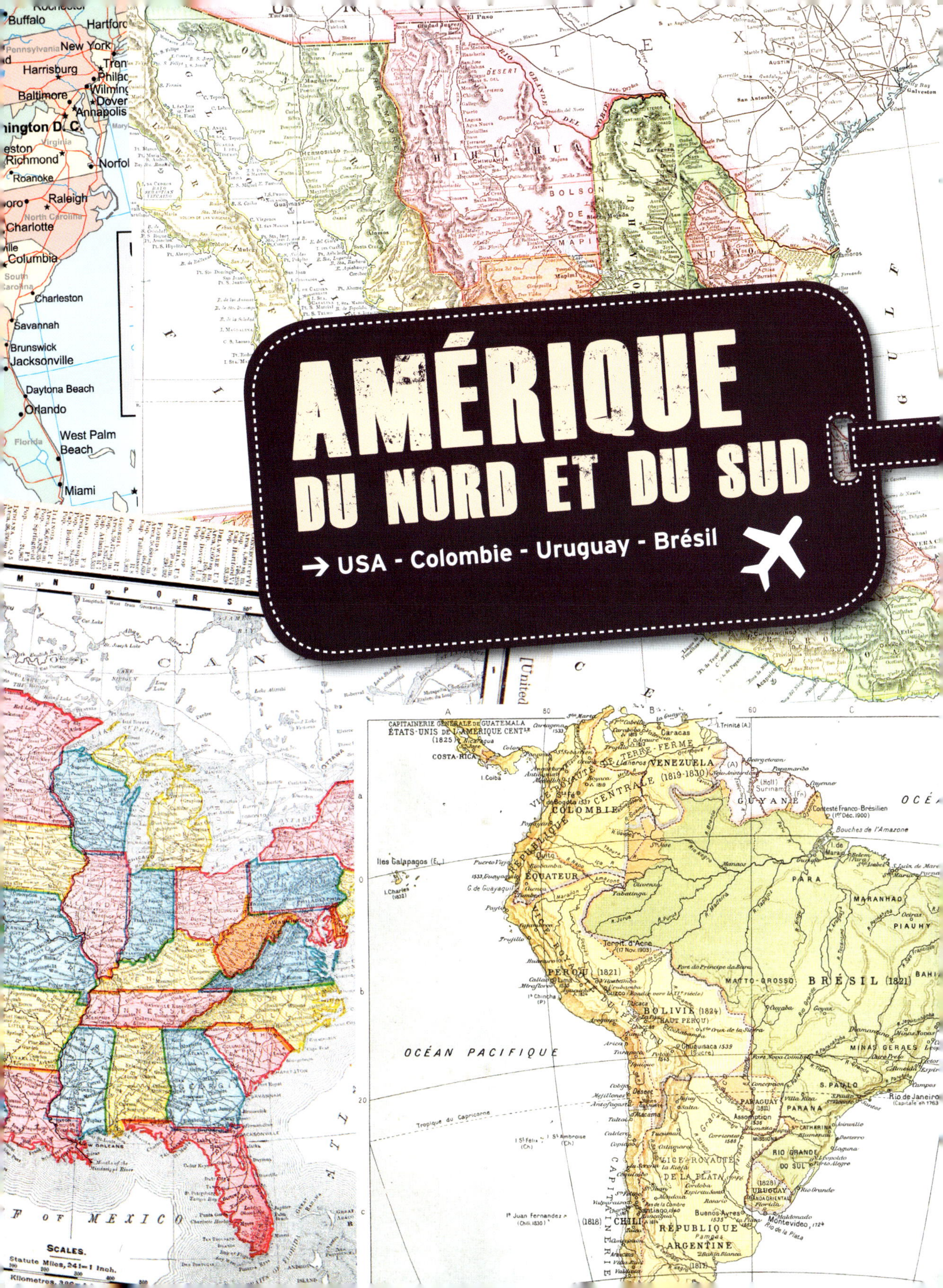

USA

Le cheesecake est l'exemple même de la world fusion food. *C'est, en fait, une recette traditionnelle de gâteau au fromage blanc d'Europe de l'Est que les immigrés ont apportée avec eux aux États-Unis, associée à un nouveau fromage américain créé en 1872, le cream cheese – une variante plus compacte et plus grasse du neufchâtel français.*
Très à la mode à New York dans les années 1900, il est proposé dans tous les restaurants et son succès ne s'est pas démenti depuis. La base du traditionnel New York cheesecake *est composée de biscuits Graham Crackers réduits en poudre puis sablés avec du beurre et du sucre. Je vous propose ici une recette encore plus gourmande à base de cookies au chocolat. Pour démouler facilement vos cheesecakes, utilisez des moules à charnière ou des cercles à pâtisserie.*

NEW YORK CHEESECAKE

POUR 6 CHEESECAKES INDIVIDUELS
PRÉPARATION : 25 MINUTES
CUISSON : 40 MINUTES
RÉFRIGÉRATION : 4 HEURES

6 gros cookies au chocolat
600 g de cream cheese type Philadelphia®
1 cuillerée à soupe rase de fécule de pomme de terre
3 œufs
1 gousse de vanille
10 cl de crème semi-épaisse
Le zeste râpé de 1 citron
110 g de sucre semoule
Chantilly pour la déco

6 cercles à pâtisserie de 10 cm de diamètre et 5 cm de haut

• Préchauffez le four à 160 °C (th. 5-6).

• À l'aide d'un cercle à pâtisserie, détaillez 6 disques dans les cookies au chocolat. Posez chaque disque dans le fond d'un cercle à pâtisserie. Placez une large bande de papier sulfurisé à l'intérieur du cercle, tout autour : elle doit dépasser de 2 à 3 cm.

• Fendez la gousse de vanille dans la longueur et grattez les graines à l'aide de la lame d'un couteau. Dans un saladier, travaillez le cream cheese à l'aide du batteur afin de l'assouplir et de l'aérer. Ajoutez le sucre en alternance avec les œufs. Versez ensuite la fécule et fouettez à nouveau. Incorporez enfin le zeste de citron et la crème en mélangeant avec une spatule.

• Répartissez la préparation dans les cercles puis déposez-les sur une plaque de cuisson. Placez un bol d'eau dans le four (pour éviter que le dessus des cheesecakes craque durant la cuisson). Enfournez et faites cuire 40 minutes.

• Laissez refroidir les cheesecakes puis réservez-les 4 heures minimum au réfrigérateur. Démoulez-les au moment de servir et décorez-les d'une rosace de chantilly.

LCROSS

Fresh
Milk

Ce gâteau est servi pendant les périodes de fêtes, particulièrement à Noël, et pour la Fête des mères, car on l'assimile volontiers à la nourriture des anges pour sa texture légère et aérée.
Sa création remonte vraisemblablement à la fin du XIXe siècle, parallèlement à l'invention du fouet mécanique. En effet, le fouet est indispensable pour obtenir des blancs mousseux et aérés qui donnent sa texture au gâteau.
L'angel food cake *traditionnel se fait cuire dans un* tube pan, *moule très haut (15 cm environ) avec un trou au milieu. Il est d'ordinaire recommandé de le retourner sur une bouteille après cuisson pour qu'il refroidisse puis de le démouler en passant un couteau entre le moule et le gâteau.*
Voici une version de recette pour des portions individuelles, à réaliser tout simplement dans des petits moules à charlotte ou des petits ramequins.

LEMON ANGEL FOOD CAKE

(gâteau des anges au citron)

POUR 6 GÂTEAUX INDIVIDUELS
PRÉPARATION : 20 MINUTES
CUISSON : 20 MINUTES

20 g de farine
20 g de fécule de maïs
4 blancs d'œufs à température
1 cuillerée à café d'extrait de citron
Le jus de 1 citron
50 g d'amandes effilées
90 g de sucre semoule
1 cuillerée à soupe de sucre glace
Beurre pour les moules

• Préchauffez le four à 150 °C (th. 5).

• Beurrez les moules. Tamisez ensemble la farine et la fécule de maïs.

• Montez les blancs en neige en ajoutant petit à petit à la fin le sucre semoule et l'extrait de citron : la meringue doit être ferme et brillante.

• Avec une maryse, incorporez peu à peu à la meringue le mélange farine-fécule en soulevant bien l'appareil pour conserver le volume de pâte.

• Parsemez le fond des moules d'amandes effilées puis répartissez la pâte. Enfournez et faites cuire 20 minutes. Laissez complètement refroidir les gâteaux dans le four porte entrouverte.

• Démoulez les gâteaux en passant une lame de couteau sur les parois des moules et renversez-les sur une assiette.

• Dans un bol, mélangez vivement à la fourchette le jus de citron avec le sucre glace. Recouvrez le dessus des gâteaux de ce nappage et servez.

Le brownie semble avoir été créé lors de la Foire internationale de Chicago, en 1893. À cette époque, Bertha Palmer, épouse d'un fameux hôtelier et chef cuisinier de la ville, demanda à son mari de créer une recette de gâteau compact, goûteux, et que l'on puisse facilement couper et transporter afin de ne rien louper des attractions de la foire. C'est ainsi que naquit le brownie.
Il est habituellement confectionné avec du chocolat noir et des noix, noix de pécan ou noisettes.

BROWNIE

POUR 6 À 8 PERSONNES
PRÉPARATION : 15 MINUTES
CUISSON : 25 MINUTES

100 g de farine
225 g de chocolat noir à pâtisser
4 œufs
75 g de cerneaux de noix hachés
150 g de beurre pommade
180 g de sucre semoule
Beurre et farine pour le moule

• Préchauffez le four à 180 °C (th. 6).

• Beurrez et farinez un moule carré de 25 cm de côté.

• Dans un saladier, battez vivement le beurre et le sucre afin que le mélange devienne bien crémeux. Ajoutez les œufs battus en omelette.

• Faites fondre le chocolat concassé au bain-marie ou au micro-ondes.

• Ajoutez le chocolat fondu tiède à la préparation puis la farine. Mélangez bien le tout. Incorporez enfin les noix hachées.

• Versez la préparation dans le moule. Enfournez et faites cuire 25 minutes : la croûte doit être dure mais le cœur encore moelleux. Laissez tiédir ou refroidir le gâteau avant de le démouler.

Brooklyn
Atlantic Av Station
B D M N R
Q 2 3 4 5
MTA New York City Transit
Happy Valentine's Day!
Happy Valentine's Day!

Ce gâteau est un classique des fêtes d'anniversaires, de la Saint-Valentin et des fêtes d'amoureux en tout genre ! On l'appelle également parfois devil's food *(nourriture du diable !).*
Pour obtenir une belle couleur rouge velours, choisissez un colorant alimentaire rouge résistant bien à la cuisson : colorant liquide pour sucre cuit ou en gel pour gâteau, mais aussi du jus de betterave.

RED VELVET

(gâteau de velours rouge)

POUR 6 PERSONNES
PRÉPARATION : 30 MINUTES
CUISSON : 30 MINUTES

90 g de farine
4 œufs
30 g de cacao amer en poudre
2 cuillerées à soupe de colorant rouge liquide
120 g de sucre semoule
Quelques vermicelles de chocolat noir et de sucre rouge pour la déco
Beurre et farine pour le moule

POUR LA CHANTILLY

40 cl de crème semi-épaisse froide
50 g de cream cheese type Philadelphia®
ou de mascarpone froid
30 g de sucre semoule

- Préchauffez le four à 180 °C (th. 6).
- Tamisez la farine avec le cacao.
- À l'aide du batteur, fouettez les œufs avec le sucre et le colorant jusqu'à ce que le mélange double de volume et soit très aérien (la pâte doit faire « le ruban »). Ajoutez le mélange farine-cacao en pluie petit à petit.
- Versez la pâte dans un moule à manqué rond de 18 cm de diamètre beurré et fariné. Enfournez et faites cuire 30 minutes. Démoulez le gâteau et laissez-le refroidir sur une grille.
- À l'aide du batteur, fouettez la crème avec le cream cheese et le sucre de façon à obtenir une chantilly bien ferme. Réservez-la au réfrigérateur.
- Coupez la génoise refroidie en trois dans l'épaisseur. Garnissez la base et le disque intermédiaire avec la chantilly. Superposez-les. Placez par-dessus le chapeau puis recouvrez l'intégralité de la génoise (dessus et côtés) avec la chantilly.
- Avec une fourchette, réalisez de légères striures sur l'extérieur du gâteau. À l'aide d'une poche munie d'une douille cannelée, formez des rosaces de chantilly. Parsemez quelques vermicelles de chocolat et de sucre rouge. Dégustez bien frais.

Les premières carottes furent importées aux États-Unis par les colons européens et les premières plantations furent cultivées dans le Massachusetts en 1609.
Le carrot cake *dont la recette originale est anglaise a connu un fort essor lors de la Seconde Guerre mondiale, en raison du rationnement du sucre. La recette fut reprise abondamment aux États-Unis et c'est aujourd'hui un classique américain.*
À la différence du carrot cake *anglais, le* carrot cake *américain est recouvert de glaçage et savamment décoré de carottes en pâte d'amandes.*

CARROT CAKE

(gâteau à la carotte)

POUR 6 CARROT CAKES INDIVIDUELS
PRÉPARATION : 20 MINUTES
CUISSON : 30 MINUTES

200 g de carottes râpées grossièrement
150 g de cerneaux de noix
300 g de Philadelphia® ou de s^t^ Môret®
200 g de farine
1/2 sachet de levure chimique
3 œufs
Pâte d'amandes verte et orange
1 pincée de muscade en poudre
1 pincée de cannelle en poudre
2 cuillerées à soupe d'eau chaude
10 cl d'huile neutre
300 g de sucre semoule
1 cuillerée à soupe de sucre glace
1 pincée de sel

- Préchauffez le four à 180 °C (th. 6).
- Tamisez ensemble la farine, la levure, le sel et les épices.
- Dans un saladier, fouettez les œufs et le sucre jusqu'à ce que le mélange devienne bien mousseux et double de volume. Versez l'huile petit à petit. Ajoutez progressivement en pluie le mélange à base de farine. Incorporez enfin les carottes et les noix hachées grossièrement.
- Répartissez la pâte dans 6 moules à cupcakes. Enfournez et faites cuire 30 minutes : les gâteaux doivent être bien secs. Faites-les refroidir sur une grille.
- Dans un bol, fouettez énergiquement le cream cheese avec le sucre glace.
- Nappez les *carrot cakes* bien froids de glaçage au cream cheese.
- Avec la pâte d'amandes modelez 6 carottes et placez 1 carotte sur chaque cupcake. Dégustez bien frais.

HAPPY BIRTHDAY
DON'T ASK

Le rainbow cake *fait partie des étonnants gâteaux de fête américains. Son origine serait tout simplement le fameux napolitain italien, rayé comme un drapeau, que l'on réalisait couramment dans la communauté italienne de Brooklyn. Pour que l'effet soit spectaculaire, utilisez des colorants alimentaires qui résistent bien à la cuisson (en gel ou en poudre).*

RAINBOW CAKE

(gâteau arc-en-ciel)

POUR 8 PERSONNES
PRÉPARATION : 40 MINUTES
CUISSON : 1 H 40 ENVIRON
RÉFRIGÉRATION : 1 HEURE

420 g de farine (60 g par génoise)
14 œufs (2 œufs par génoise)
420 g de sucre semoule (60 g par génoise)
1 cuillerée à café de colorant alimentaire par génoise aux couleurs de l'arc-en-ciel : rouge, orange, jaune, vert, bleu, indigo, violet

POUR LE GLAÇAGE
500 g de mascarpone
150 g de cream cheese type Philadelphia®
Le jus de 1 citron
150 g de sucre glace

• Préchauffez le four à 180 °C (th. 6).

• Séparez les blancs d'œufs des jaunes. Dans un saladier, à l'aide du batteur, fouettez les jaunes avec le sucre jusqu'à ce que le mélange devienne bien mousseux. Incorporez les blancs un à un en mélangeant bien à chaque fois.

• Séparez la pâte en 7 parts égales. Déposez chaque part dans un petit bol. Ajoutez 1 cuillerée à café de colorant dans chaque bol et mélangez bien (n'hésitez pas à beaucoup colorer les pâtes).

• Placez chaque pâte colorée dans un cercle à pâtisserie de 18 cm posé sur une plaque de cuisson (ou dans un moule à manqué). Enfournez et faites cuire 10 à 15 minutes : procédez en plusieurs fois.

• Préparez le glaçage : dans un saladier, fouettez le mascarpone et le cream cheese pour bien les détendre. Ajoutez le jus de citron et le sucre glace et fouettez vivement de façon à obtenir un glaçage bien lisse.

• Une fois les génoises cuites, recouvrez-les uniformément de glaçage. Superposez-les en respectant l'ordre de l'arc-en-ciel (en commençant par le violet). Masquez les bords du gâteau avec le reste de glaçage. Réfrigérez 1 heure avant de servir.

Comme les quantités de génoise sont importantes, réalisez la pâte en plusieurs fois.

Amusez-vous à décorer votre gâteau de petits nuages en marshmallows et d'un arc-en-ciel réalisé en pâte d'amandes (teintée avec les colorants).

COLOMBIE

L'enyucado est un gâteau traditionnel de la côte ouest de la Colombie et du Panamá. Son nom veut tout simplement dire « fait avec de la yuca », le nom espagnol du manioc. On le confectionne d'ordinaire dans des petits bols ou des plats à gratin.

ENYUCADO

(gâteau de manioc)

POUR 6 PERSONNES
PRÉPARATION : 5 MINUTES
CUISSON : 40 MINUTES

500 g de racine de manioc râpée
300 g de fromage blanc en faisselle
2 œufs
175 g de noix de coco râpée
20 cl de lait de coco
5 fleurs d'anis étoilé
200 g de sucre semoule
Beurre pour le plat

• Préchauffez le four à 180 °C (th. 6).

• Dans un grand bol, battez le fromage blanc avec le reste des ingrédients afin d'obtenir une préparation bien homogène.

• Versez la préparation dans un plat à gratin beurré. Enfournez et faites cuire 40 minutes environ.

URUGUAY

Le chaya *est un gâteau de meringue que l'on trouve fréquemment dans l'ouest de l'Uruguay et, plus particulièrement, dans la ville de Paysandù. Il a été créé en 1927 par Orlando Castellano, le propriétaire d'un salon de thé de la ville. Il nomma ainsi le gâteau, du nom d'un oiseau indigène d'Amérique du Sud, le* chaya, *dont le vol est léger et délicat… comme une meringue ! On le prépare en grand pour les jours de fête, mais on peut aussi le trouver en portions individuelles dans les pâtisseries et supermarchés locaux.*

CHAYA PAYSANDU
(gâteau de meringue aux pêches)

POUR 6 PERSONNES
PRÉPARATION : 40 MINUTES
CUISSON : 1 H 30

POUR LA MERINGUE
2 blancs d'œufs
1 cuillerée à café d'arôme vanille
100 g de sucre semoule

POUR LE GÉNOISE
100 g de farine
3 œufs
100 g de sucre semoule
Beurre pour le moule

POUR LA GARNITURE
8 pêches au sirop
250 g de confiture de lait
30 cl de crème semi-épaisse très froide
30 g de sucre semoule

• Préchauffez le four à 180 °C (th. 6).

• Préparez la génoise : dans un saladier, fouettez les œufs et le sucre au batteur jusqu'à ce que le mélange double de volume et fasse « le ruban ». Ajoutez délicatement la farine en pluie et mélangez afin d'obtenir une préparation homogène. Versez-la dans un moule de 18 cm de diamètre beurré. Enfournez et faites cuire 30 minutes environ. Laissez refroidir sur une grille.

• Baissez la température du four à 150 °C (th. 5).

• Réalisez la meringue : montez les blancs en neige avec l'arôme vanille en incorporant le sucre progressivement (la meringue doit être brillante et bien ferme).

• Sur une plaque de cuisson recouverte de papier sulfurisé, à l'aide d'une poche munie d'une grosse douille cannelée, réalisez des petits tas de meringue. Enfournez et faites cuire 40 minutes à 1 heure jusqu'à ce que les meringues soient bien sèches.

• Fouettez la crème avec le sucre afin d'obtenir une chantilly bien ferme.

• Coupez la génoise en deux dans l'épaisseur. Garnissez la base de confiture de lait et avec la moitié des quartiers de pêches. Terminez par une couche de chantilly. Recouvrez avec le chapeau de la génoise. Masquez-le de chantilly et décorez avec les meringues et le reste des quartiers de pêches.

Vous pouvez masquer intégralement le gâteau de chantilly et disposer des brisures de meringue.

BOLO DE BANANA INTEGRAL

SKOL
Garoto
Garoto
Garoto

BRÉSIL

Voici un gâteau ultra-sain, nourrissant, qui donne de l'énergie longue durée. Idéal avant d'attaquer sa séance de surf sur la plage de Leme à Rio de Janeiro !

BOLO DE BANANA INTEGRAL
(gâteau à la banane)

POUR 4 PERSONNES
PRÉPARATION : 20 MINUTES
CUISSON : 30 MINUTES

6 bananes pas trop mûres
30 g de raisins secs blonds
50 g de farine de blé complet
200 g de flocons d'avoine
2 œufs
1 pincée de cannelle
20 cl de lait
50 g de beurre fondu
10 cl d'huile de tournesol
100 g de sucre roux
1 pincée de sel
Beurre pour le moule

• Préchauffez le four à 180 °C (th. 6).

• Pelez les bananes et coupez-les en tranches dans la longueur.

• Dans un saladier, mélangez les flocons d'avoine avec la farine, le sucre, le sel, la cannelle, l'huile et le beurre afin d'obtenir une texture granuleuse comme une pâte à crumble.

• Déposez une couche de ce crumble dans le fond d'un moule à manqué de 20 cm de diamètre légèrement beurré. Ajoutez une couche de bananes et les raisins secs. Appuyez avec les mains pour « coller » les bananes.

• Battez les œufs avec le lait puis versez la moitié de ce mélange sur les bananes. Étalez le reste de crumble puis le reste des bananes. Ajoutez l'autre moitié du mélange lait-œuf.

• Couvrez intégralement le gâteau de papier sulfurisé et réalisez une cheminée. Enfournez et faites cuire 20 minutes. Baissez la température du four à 150 °C (th. 5) et prolongez la cuisson 10 minutes.

Yoki

SINGAPORE
Kalimantan
Padang
3805
Jambi
Pontianak
Samarinda
2278
Palangkaraya
Balikpapan
Palu
Gorontalo
Sulawesi
Halmahera
P. Waigeo
Sorong
P. Biak
P. Siberut
Gunung Kerinci
P. Bangka
PALEMBANG
Manado
Orsk
Hong-kong
Macao
Kwong tschou B.
Hai-nan
Burma
Mandalay
Hanoi
Haiphong
INDIEN
Kalkutta
Katak
Akyab
Luzon
Shizuoka

ASIE ET OCÉANIE

→ Inde - Japon - Corée - Thaïlande
Australie - Nouvelle-Zélande

INDE

Le mot halwa *vient de* hulw *qui signifie friandise en arabe. Les* halwa *aux carottes sont des desserts préparés dans toute l'Inde, mais on trouve également des* halwa *aux dattes, à la courge, au melon d'eau ou, tout simplement, à la semoule fine.*

Gajjar halwa

(friandises aux carottes)

POUR 4 PERSONNES
PRÉPARATION : 15 MINUTES
CUISSON : 20 MINUTES
RÉFRIGÉRATION : 1 HEURE

400 g de carottes
12 cl de lait
2 cuillerées à soupe d'amandes effilées
2 cuillerées à soupe de pistaches mondées concassées
1 cuillerée à café de cardamome en poudre
1 cuillerée à soupe d'eau de rose
100 g de ghee (ou de beurre clarifié)
150 g de sucre semoule

• Épluchez les carottes et râpez-les à la râpe épaisse. Faites-les revenir dans une poêle avec la moitié du ghee 4 à 5 minutes jusqu'à ce qu'elles deviennent bien moelleuses.

• Ajoutez dans la poêle le reste de ghee, le lait, le sucre et la cardamome. Laissez compoter 15 minutes. Lorsque le mélange est bien épais, ajoutez l'eau de rose et continuez la cuisson encore quelques minutes à feu doux.

• Étalez la préparation dans un plat à gratin sur une épaisseur de 2 cm. Décorez de pistaches et d'amandes effilées. Laissez refroidir puis placez 1 heure au réfrigérateur.

おめでとう

JAPON

Ce gâteau d'influence occidentale est devenu le gâteau préféré des Japonaises pour les anniversaires. C'est tout simplement une génoise aux fraises et à la chantilly.

SHORTCAKE
(gâteau d'anniversaire aux fraises)

POUR 6 À 8 PERSONNES
PRÉPARATION : 30 MINUTES
CUISSON : 30 MINUTES
RÉFRIGÉRATION : 1 HEURE

500 g de fraises bien parfumées (mara de préférence)
80 g de chocolat noir à pâtisser
120 g de farine
4 œufs
30 cl de crème semi-épaisse froide
1 gousse de vanille
120 g de sucre semoule
50 g de sucre glace
Beurre pour le moule

• Préchauffez le four à 180 °C (th. 6).

• À l'aide du batteur, fouettez les œufs avec le sucre semoule jusqu'à ce que le mélange double de volume et fasse « le ruban ». Ajoutez délicatement la farine en pluie et mélangez afin d'obtenir une pâte bien homogène.

• Versez la pâte dans un moule en forme de cœur beurré. Enfournez et faites cuire 30 minutes. Laissez le gâteau refroidir sur une grille.

• Fendez la gousse de vanille dans la longueur et grattez les graines à l'aide de la lame d'un couteau. Fouettez la crème avec les graines de vanille et le sucre glace afin d'obtenir une chantilly bien ferme.

• Lavez les fraises et coupez-en la moitié en morceaux.

• Coupez la génoise en deux dans l'épaisseur. Garnissez la base de chantilly et ajoutez la moitié des morceaux de fraises. Refermez l'autre partie du cœur. Recouvrez-le généreusement de chantilly et décorez avec les fraises entières. Réfrigérez pendant 1 heure.

• Faites fondre le chocolat concassé au bain-marie ou au micro-ondes. À l'aide d'un cornet réalisé en papier sulfurisé ou d'une poche munie d'une douille de petit diamètre, écrivez : Bon Anniversaire. Dégustez aussitôt.

Au Japon, les daïfuku *sont littéralement « les gâteaux de la chance » et on les offre pour des occasions particulières au temple ou aux proches.*
L'extérieur, en pâte de riz, dissimule un centre de pâte de haricot rouge. Comme souvent dans les gâteaux traditionnels japonais, des fruits sont cachés au milieu, invisibles avant de les croquer.
Il existe également des yukimi daïfuku *(gâteau enneigé), garnis de crème glacée.*

ICHIGO DAÏFUKU
(gâteau de la chance à la fraise)

POUR 10 DAÏFUKU
PRÉPARATION : 20 MINUTES
CUISSON : 12 MINUTES
RÉFRIGÉRATION : 2 HEURES

10 petites fraises ou demi-fraises
150 g de pâte lisse de haricot rouge toute prête (anko)
100 g de farine de riz gluant (shiratamako)
Fécule de pomme de terre
15 cl d'eau froide
50 g de sucre semoule

• Rincez et équeutez les fraises. Enrobez complètement chaque fraise de pâte de haricot rouge.

• Dans un bol, mélangez la farine de riz et le sucre avec l'eau. Faites cuire 10 à 12 minutes dans un rice-cooker ou 6 minutes au micro-ondes en mélangeant plusieurs fois en cours de cuisson : vous devez obtenir une pâte épaisse et translucide.

• Étalez une épaisse couche de fécule de pomme de terre sur un plateau. Versez la pâte de riz cuite sur la fécule et enrobez-la de fécule pour pouvoir la manipuler, car elle est très collante.

• Avec un couteau, découpez 10 parts de pâte de riz cuite.

• Étirez un morceau de pâte afin de pouvoir envelopper intégralement 1 fraise enrobée de pâte de haricot. Repliez la pâte sur elle-même en forme de petite bourse en veillant à ne pas la déchirer. Enveloppez ainsi délicatement toutes les fraises.

• Déposez les *daïfuku* au fur et à mesure sur une assiette poudrée de fécule, jointure vers le bas (travaillez rapidement, car la pâte devient moins étirable lorsqu'elle refroidit). Réfrigérez pendant 2 heures. Dégustez les *daïfuku* le jour même.

CORÉE

Les Coréens avouent que la plupart des pâtisseries dégustées en Corée sont bien souvent d'inspiration japonaise. Toutes, sauf ces petites crêpes que l'on trouve partout, en toute saison, et dont la recette évolue selon la tradition familiale. Les garnitures sont traditionnellement constituées de cannelle, de cacahuètes ou de graines de sésame torréfiées.

HOTTEOK
(crêpes fourrées)

POUR 6 HOTTEOK
PRÉPARATION : 30 MINUTES
REPOS : 1 H 30
CUISSON : 30 MINUTES

POUR LA PÂTE

250 g de farine
1/2 sachet de levure boulangère déshydratée
1 cuillerée à soupe de crème liquide
15 cl d'un mélange d'eau tiède et de lait
50 g de sucre semoule + 1 pincée
1 pincée de sel
Huile végétale pour la cuisson

POUR LE FOURRAGE

1 cuillerée à soupe de cannelle en poudre
1 cuillerée à soupe de poudre de cacahuètes
100 g de cassonade

• Dans un bol, délayez la levure avec 2 cuillerées à soupe d'eau tiède et 1 pincée de sucre. Laissez pousser ce levain pendant 10 minutes.

• Déposez la farine dans un saladier et formez un puits. Versez le levain, le sucre, le sel, la crème liquide et le mélange lait-eau. Pétrissez la pâte 10 minutes jusqu'à obtenir une consistance bien homogène (la pâte reste collante). Couvrez le saladier d'un linge et laissez pousser la pâte pendant 1 h 30 près d'une source de chaleur (25 à 30 °C) ou dans le four (th. 1) porte entrouverte : elle doit doubler de volume.

• Préparez le fourrage en mélangeant l'ensemble des ingrédients.

• Partagez la pâte en six puis façonnez des boules en les roulant entre la paume de vos mains huilées. Étalez 1 boule de pâte dans le creux de votre main, garnissez le centre avec 1 cuillerée à soupe de fourrage et refermez la boule de pâte hermétiquement. Procédez de même avec les autres boules.

• Dans une poêle, faites chauffer un fond d'huile puis déposez 1 boule de pâte côté jointure vers le bas. Lorsqu'elle est dorée, retournez-la et aplatissez-la fortement à l'aide d'une spatule. Laissez-la dorer puis ôtez la crêpe de la poêle. Faites cuire ainsi les autres crêpes.

thaïlande

On trouve peu de gâteaux dans les desserts thaïs. En revanche, ces bananes au riz gluant sont présentes dans tous les stands de cuisine de rue. Préparées à l'avance, elles peuvent être réchauffées au dernier moment dans un panier vapeur, mais on peut aussi les griller sur le barbecue.

Khao tom mat
(bananes au riz gluant)

POUR 8 BANANES
PRÉPARATION : 40 MINUTES
REPOS : 1 NUIT
CUISSON : 1 H 10

8 petites bananes thaïes roses
400 g de riz gluant
30 cl de lait de coco
100 g de sucre semoule
1 pincée de sel

4 feuilles de bananier
Une vingtaine d'élastiques de 10 cm de diamètre environ ou de la ficelle de cuisine

• La veille, faites tremper le riz gluant dans un récipient d'eau froide.

• Le jour même, faites cuire le riz gluant à la vapeur pendant 30 minutes environ.

• Dans une casserole, faites chauffer le lait de coco avec le sucre et le sel pendant 5 minutes. Déposez le riz gluant et mélangez bien. Retirez la casserole du feu et laissez refroidir.

• Pelez les bananes. Dans les feuilles de bananier, découpez 16 carrés de 20 cm de côté. Superposez 2 carrés de feuille en quinconce. Déposez du riz gluant au coco sur les deux tiers de la surface puis ajoutez 1 banane par-dessus. Roulez le carré sur lui-même afin de recouvrir intégralement la banane de riz gluant. Repliez les bords et serrez bien avec 2 ou 3 élastiques ou de la ficelle de cuisine. Procédez de même avec les autres bananes et carrés.

• Faites cuire les bananes dans un panier vapeur pendant 40 minutes ou faites-les griller au barbecue 10 minutes de chaque côté. Laissez tiédir avant de déguster.

Pour assouplir la feuille de bananier et la travailler sans qu'elle casse, passez les carrés de feuille au micro-ondes pendant 1 minute.

L'Australie et la Nouvelle-Zélande se disputent la paternité de ce gâteau de meringue et de crème fouettée réalisé en l'honneur de la fameuse ballerine Anna Pavlova, danseuse étoile des Ballets russes. Ce gâteau représenterait sa tenue pour le rôle du cygne blanc qu'elle exécuta de façon magistrale en 1905 et qui lui assura la gloire jusqu'à sa mort, en 1930.

PAVLOVA AUX FRUITS ROUGES

POUR 6 PERSONNES
PRÉPARATION : 45 MINUTES
CUISSON : 3 HEURES
REPOS : 3 HEURES

POUR LA MERINGUE
4 blancs d'œufs
250 g de sucre semoule
1 pincée de sel

POUR LA GARNITURE
500 g de fruits rouges
30 cl de crème liquide entière très froide
3 cuillerées à soupe de sucre glace

• Préchauffez le four à 100 °C (th. 2-3), sur le mode chaleur tournante.

• Réalisez la meringue : montez les blancs en neige avec la pincée de sel. Ajoutez 3 cuillerées à soupe de sucre en continuant de fouetter jusqu'à ce que la meringue soit ferme et brillante. Incorporez enfin délicatement le reste de sucre.

• À l'aide d'une poche munie d'une douille lisse, déposez une couche de meringue de 18 à 20 cm de diamètre sur une plaque de cuisson recouverte de papier sulfurisé. Enfournez et faites cuire pendant 1 heure. Baissez le four à 90 °C (th. 3) et poursuivez la cuisson 2 heures. Réservez la meringue dans le four éteint pendant 3 heures minimum (ou jusqu'au lendemain).

• Préparez la garniture : fouettez la crème liquide jusqu'à ce qu'elle soit mousseuse. Ajoutez 2 cuillerées à soupe de sucre glace en pluie et continuez de fouetter afin d'obtenir une chantilly ferme.

• Rincez et équeutez les fruits rouges.

• Placez la meringue sur un plat de service. Garnissez le centre de chantilly puis décorez de fruits rouges ; saupoudrez-les avec le reste de sucre glace. Servez aussitôt.

Nouvelle-Zélande

Contrairement à ce que l'on imagine, le kiwi n'est pas originaire de Nouvelle-Zélande mais de Chine. C'est pourtant en Nouvelle-Zélande, sous des climats montagneux et frais, qu'ils poussent de façon intensive depuis le début du xx*e* *siècle.*

Upside down kiwi cake

(gâteau renversé aux kiwis)

POUR 4 À 6 PERSONNES
PRÉPARATION : 15 MINUTES
CUISSON : 30 MINUTES

6 kiwis
125 g de farine
1/2 sachet de levure chimique
3 œufs
2 cuillerées à soupe de rhum
125 g de beurre fondu
225 g de sucre semoule

- Préchauffez le four à 180 °C (th. 6).
- Pelez les kiwis et coupez-les en rondelles de 0,5 cm.
- Dans une poêle, faites fondre à sec 100 g de sucre sur feu moyen de façon à réaliser un caramel liquide. Versez-le dans le fond d'un moule à manqué.
- Déposez les rondelles de kiwi harmonieusement sur le caramel.
- Dans un saladier, fouettez les œufs et le sucre afin que le mélange mousse et blanchisse. Ajoutez le beurre fondu puis la farine et la levure chimique. Mélangez bien le tout puis incorporez le rhum.
- Versez la pâte sur les rondelles de kiwi. Enfournez et faites cuire 30 minutes. Laissez refroidir le gâteau avant de le démouler en le retournant sur une assiette.

Adana
Alep
EL DJEZIREH
Antioche
Kachan
PERSE
Zacharias
Grab

AFRIQUE & MOYEN-ORIENT

→ Turquie - Tunisie - Algérie - Iran

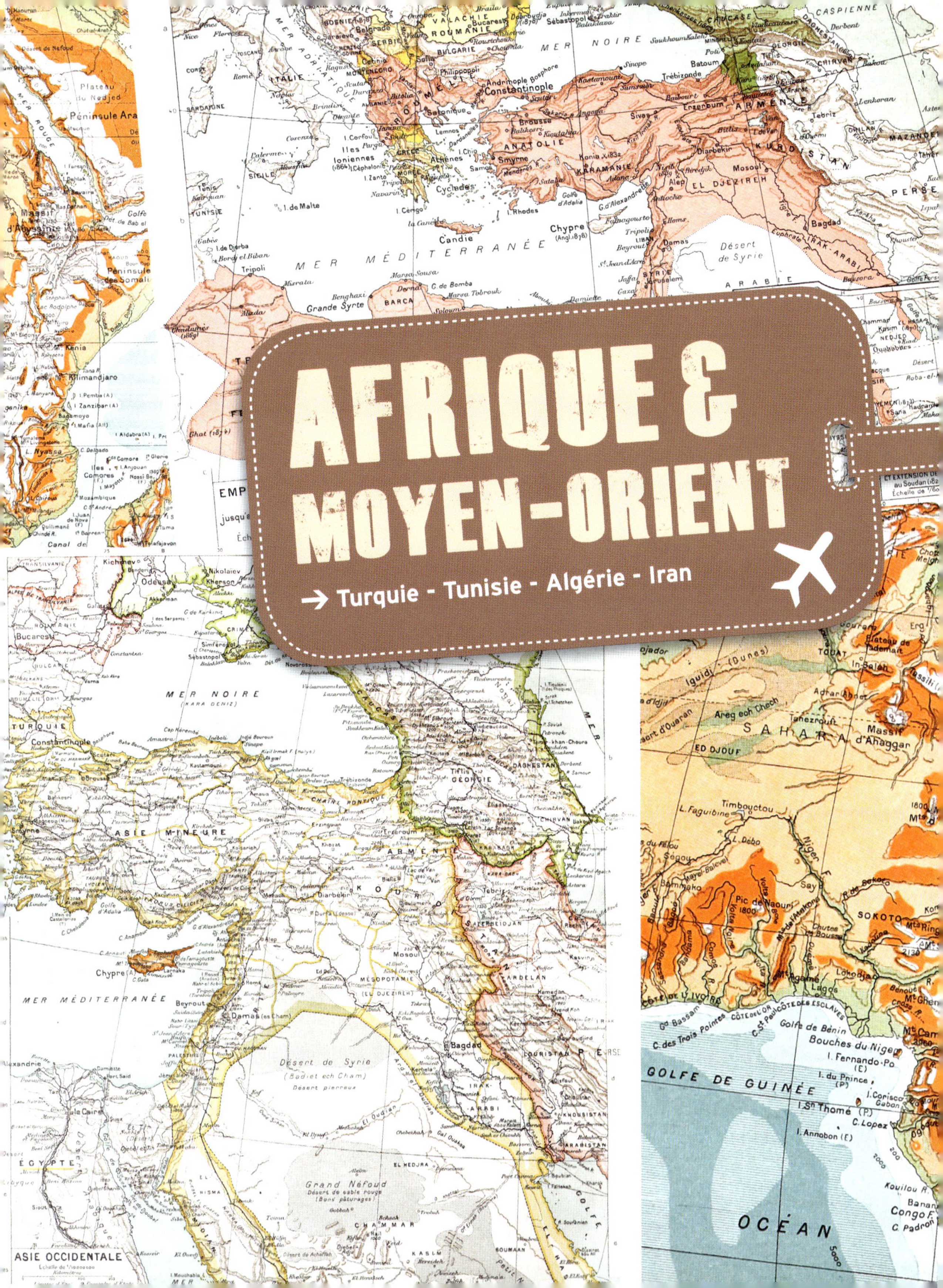

Turquie

Kenafeh en arabe, *künefe* en turc ou *kadaïf* en grec, voici les diverses appellations de cette légendaire pâtisserie orientale dont on parle dès le Moyen Âge dans les écrits de cuisine arabe et que l'on retrouve sur toutes les rives de la Méditerranée. Elle peut être garnie de noix, noisettes, pistaches, selon les saisons et les coutumes locales.

Künefe aux noix

(cheveux d'ange aux noix)

POUR 8 PERSONNES
PRÉPARATION : 20 MINUTES
CUISSON : 10 MINUTES

POUR LE GÂTEAU

300 g de kadaïf (cheveux d'ange, en épicerie orientale)
250 g de noix hachées
250 g de beurre fondu
Beurre pour le plat

POUR LE SIROP

1 cuillerée à soupe de jus de citron
1 cuillerée à soupe d'eau de fleur d'oranger
20 cl d'eau
400 g de sucre semoule

- Préchauffez le four à 180 °C (th. 6).
- Dans un plat allant au four beurré, déposez la moitié du paquet de kadaïf en tassant légèrement.
À l'aide d'un pinceau, badigeonnez généreusement toute la surface de beurre fondu. Étalez les noix hachées puis recouvrez avec le reste de kadaïf en tassant légèrement.
- Badigeonnez généreusement le dessus du gâteau de beurre fondu puis prédécoupez en carrés réguliers de 5 à 6 cm.
- Enfournez et faites cuire 10 minutes environ jusqu'à ce que le dessus soit légèrement doré.
- Pendant ce temps, dans une casserole, faites chauffer l'eau et le sucre jusqu'à ébullition. Éteignez le feu et remuez pour que le sirop soit bien homogène. Laissez refroidir puis ajoutez le jus de citron et l'eau de fleur d'oranger.
- À la sortie du four, arrosez le gâteau encore chaud avec le sirop et laissez-le bien s'imbiber.

Tunisie

Le baklava est un dessert très ancien remontant aux grands succès de l'Empire ottoman. Venu de Perse, il a suivi le chemin des conquêtes ottomanes pour devenir l'une des friandises les plus appréciées dans les Balkans, au Moyen-Orient et au Maghreb. En Tunisie, on le garnit d'amandes et on le parfume à l'eau de rose.

Baklava aux amandes et à la rose

POUR 6 À 8 PERSONNES
PRÉPARATION : 30 MINUTES
CUISSON : 30 À 35 MINUTES

16 feuilles de brick
300 g d'amandes mondées (sans la peau)
2 cuillerées à soupe d'eau de rose alimentaire
1 clou de girofle
1 cuillerée à café de quatre-épices
1 cuillerée à café de graines de cardamome
1 rondelle de citron
30 cl d'eau
150 g de beurre fondu
300 g de sucre semoule

POUR LA DÉCO
50 g de pistaches hachées ou quelques pétales de rose en sucre

• Préchauffez le four à 180 °C (th. 6).

• Dans une casserole, portez l'eau à ébullition avec 300 g de sucre, le clou de girofle et la rondelle de citron. Mélangez puis laissez refroidir ce sirop au réfrigérateur.

• Mixez les amandes avec le reste de sucre, les graines de cardamome, le quatre-épices et l'eau de rose.

• À l'aide d'un pinceau, badigeonnez le fond d'un moule à gratin de beurre fondu. Superposez dans le moule 4 feuilles de brick après les avoir badigeonnées de beurre fondu. Répartissez dessus un tiers de farce aux amandes. Superposez à nouveau 4 feuilles de brick badigeonnées de beurre fondu, ajoutez le deuxième tiers de farce et répétez l'opération jusqu'à épuisement des ingrédients. Badigeonnez les dernières feuilles de brick de beurre fondu.

• À l'aide d'un couteau pointu, prédécoupez le *baklava* en losanges. Enfournez et faites cuire 30 à 35 minutes jusqu'à ce que la pâte soit dorée et croustillante.

• À la sortie du four, versez le sirop sur le *baklava*. Laissez refroidir au réfrigérateur.

• Coupez les losanges de *baklava*. Avant de servir, décorez-les de pistaches hachées ou de pétales de rose.

Si vous utilisez un plat à gratin carré, faites chevaucher les feuilles de brick (il n'est pas nécessaire de les couper à la forme exacte du plat).

ALGÉRIE

Ce gâteau en forme de serpent est très facile à réaliser mais vous ne devez pas traîner pour le façonner, sinon, il risque de craqueler de tous côtés. À la sortie du four, arrosez-le aussitôt de miel si vous ne voulez pas que la peau du serpent soit tout écaillée !

Mhancha
(serpent aux amandes)

POUR 4 PERSONNES
PRÉPARATION : 20 MINUTES
CUISSON : 20 MINUTES

8 feuilles de pâte filo
50 g d'amandes mondées (sans la peau)
500 g de poudre d'amandes
1/2 cuillerée à café de cannelle en poudre
4 cuillerées à soupe d'eau de fleur d'oranger
4 cuillerées à soupe d'eau
100 g de beurre fondu
100 g de sucre semoule
Beurre pour le moule

POUR LA FINITION
30 g d'amandes effilées ou en bâtonnets
25 cl de miel liquide

• Préchauffez le four à 180 °C (th. 6).

• Mixez les amandes mondées avec la poudre d'amandes, le sucre et la cannelle. Ajoutez petit à petit l'eau de fleur d'oranger et l'eau : le mélange doit rester un peu sec tout en étant malléable.

• Sur le plan de travail, superposez délicatement 4 feuilles de pâte filo puis, à côté (en les faisant se toucher), 4 autres feuilles de façon à obtenir un long rectangle : badigeonnez généreusement chaque feuille de beurre fondu à l'aide d'un pinceau avant de la recouvrir. Garnissez le bord du rectangle d'un cordon de crème d'amandes. Roulez le rectangle de pâte sur lui-même pour obtenir un long boudin puis enroulez celui-ci en forme de serpent.

• Déposez le serpent de pâte dans un moule à manqué beurré. Enfournez et faites cuire 20 minutes.

• À la sortie du four, arrosez aussitôt le gâteau de miel légèrement tiédi puis parsemez d'amandes effilées ou en bâtonnets. Laissez refroidir.

La pâte filo est très fragile. En outre, ne superposez pas plus de 4 feuilles, sinon la mhancha *sera sèche et vous aurez du mal à la plier en serpent.*

IRAN

Dans la cuisine perse, le safran sert très souvent d'assaisonnement et la pistache de décor ou de croquant. Ce gâteau très simple en est la parfaite illustration. Réalisez-le suffisamment à l'avance, car il a besoin de quelques heures pour avoir une tenue ferme. De plus, il est délicieux bien frais.

MASQUATI

(gâteau perse aux pistaches et au safran)

POUR 6 PERSONNES
PRÉPARATION : 20 MINUTES
CUISSON : 20 MINUTES
RÉFRIGÉRATION : 2 HEURES

200 g de fécule de maïs ou de pomme de terre
200 g de pistaches hachées
100 g d'amandes mondées hachées
1 pincée de filaments de safran
$^{1}/_{2}$ cuillerée à café de cardamome en poudre
5 cl d'eau de rose alimentaire
100 g de beurre
300 g de sucre semoule

• Faites macérer les filaments de safran dans 2 cuillerées à soupe d'eau chaude.

• Dans une casserole, faites chauffer 20 cl d'eau avec le sucre jusqu'à ce que celui-ci soit dissous. Remuez pour que le sirop soit bien homogène. Réservez au chaud.

• Dans un bol, délayez la fécule avec 20 cl d'eau froide afin que le mélange soit bien lisse.

• Dans une sauteuse, faites chauffer la fécule délayée avec le sirop de sucre et laissez épaissir quelques minutes jusqu'à ce que la consistance soit ferme. Ajoutez le beurre coupé en dés et mélangez. Incorporez ensuite le safran égoutté, l'eau de rose, la cardamome, les amandes et la moitié des pistaches. Mélangez à nouveau de façon à obtenir une pâte bien compacte.

• Déposez la pâte dans un moule tapissé de papier sulfurisé et laissez refroidir pendant 2 heures.

• Coupez le *masquati* en carrés ou en losanges ; décorez-les avec le reste des pistaches hachées. Conservez-les au réfrigérateur jusqu'au moment de servir.

INDEX DES RECETTES

INDEX PAR INGRÉDIENTS

LES BONNES ADRESSES

AMÉRIQUE DU SUD

Échelle de 1/40.000.000

LES BONNES ADRESSES OÙ DÉGUSTER DE DÉLICIEUX GÂTEAUX DU MONDE

GÂTEAUX AMÉRICAINS

Bagel Tom

12, rue Volta, 75003 Paris

Dans ce bagelstore de référence à Paris, vous trouverez les grands classiques des desserts américains : cheesecake nature, au citron, Oreo, velvet cake, carrot cake.

La visite vaut le détour également pour la partie épicerie où vous dénicherez toutes les friandises made in USA introuvables ailleurs ! Toutes les infos sur www.bageltom.com, sur Facebook et twitter@bageltom

GÂTEAUX POLONAIS

Adriana & Margot

14, rue des Goncourt, 75010 Paris

http://adriana.margot.free.fr

Une merveilleuse adresse pour se délecter de toutes les spécialités polonaises, également à emporter. Vous y découvrirez toute une variété de gâteaux faits maison. La partie épicerie vous dépaysera et vous proposera bière, jus de fruits et condiments made in Poland !

Quant aux gâteaux… ils sont délicieux.

GÂTEAUX GERMANIQUES

Kaffeehaus

11, rue Poncelet, 75017 Paris

Tél. : 01 42 67 07 19

www.kaffeehaus-paris.fr

Un boulanger-pâtissier spécialiste des gâteaux germaniques : strudel, palatinat, sachertorte ou kuggelhopf, vous succomberez. À découvrir aussi les pains noirs et pains aux céréales maison.

GÂTEAUX YIDDISH ET D'EUROPE DE L'EST

La Boutique Jaune de Sacha Finkelsztajn

24, rue des Rosiers, 75004 Paris

www.laboutiquejaune.fr

De 10 h à 19 h, fermé le mardi toute la journée

GÂTEAUX PORTUGAIS

Pao Quente

81, avenue Paul-Vaillant-Couturier, 94250 Gentilly

Tél. : 01 45 47 17 95

Toutes les variétés de pastéis de nata sont à déguster, mais vous craquerez aussi pour les rocambole, bolo de banana… une adresse à conseiller aux becs sucrés.

GÂTEAUX INDIENS

Ganesha Sweets

191, rue du Faubourg-Saint-Denis, 75010 Paris

Tél. : 01 42 05 08 72

www.ganesha-sweets.com

Pour la multitude de barfis à admirer avant de déguster !

THÉ ET GÂTEAUX ANGLAIS

Betjeman And Barton

24, boulevard des Filles-du-Calvaire, 75011 Paris

Tél. : 01 48 05 07 36

www.betjemanandbarton.com/fr

Du mardi au samedi, de 11 h à 19 h.

Le premier bar à thé de Paris propose également les grands classiques de la pâtisserie anglaise, à emporter !

LES BONNES ADRESSES D'ÉPICERIES DU MONDE

ÉPICERIE ALÉMANIQUE

Der Tante-Emma Laden

Marché de la porte Saint-Martin

33, rue du Château-d'Eau, 75010 Paris

www.tante-emma-laden.fr

Pour découvrir les cuisines allemande, autrichienne et suisse. De merveilleuses charcuteries et de délicieux fromages en plus de toutes les conserves incontournables. Quelques ustensiles et décorations typiques pour vous transporter en Bavière, dans le Tyrol ou dans le Valais en un instant. Le tout envoyé par La Poste sur commande.

ÉPICERIE ITALIENNE

RAP Paris

15, rue Rodier, 75009 Paris

Tél. : 01 42 80 09 91

et www.rapparis.fr où vous pourrez faire vos achats en ligne !

Une épicerie remplie jusqu'au plafond de toutes les meilleures spécialités italiennes salées et sucrées : pannetone, pandolce, panforte, amaretti… pour les becs sucrés ; huile d'olive, gressini, charcuteries italiennes, mozzarella et pasta de régions… pour les autres.

ÉPICERIE ANGLAISE

L'Épicerie Anglaise

5, cité du Wauxhall, 75010 Paris

www.epicerie-anglaise.com

Cette épicerie propose la plupart des produits typiques anglo-saxons. Une grande variété de marmelades, cakes, mais aussi des bières dont certaines bio et, à noter, des produits surgelés de grande qualité : saucisses irlandaises, boudins noirs et le fameux haggis écossais.

ÉPICERIE BRÉSILIENNE

Coisas do Brasil

22, rue Daniel-Stern, 75015 Paris

Tél. : 01 45 71 07 68

et surtout www.coisasdobrasil.fr *où vous découvrirez également l'épicerie salée, l'artisanat et les soins beauté brésiliens en vente.*

Cette épicerie propose tous les incontournables brésiliens : farine de manioc, confiture de lait, mais aussi en mix tout-prêts : bolo de banana, bolo de fuba, geleia de maracuja...

ÉPICERIE SUÉDOISE

www.swedishop.eu

L'essentiel de l'épicerie suédoise livré à la maison.

ÉPICERIE IRANIENNE

Sepide

62 *bis*, rue des Entrepreneurs, 75015 Paris

www.sepide.fr

Vous trouverez tout ce qu'il faut chez Alireza pour réaliser de délicieux gâteaux iraniens mais aussi toute l'épicerie salée nécessaire à la cuisine perse. Le propriétaire vous accueillera avec gentillesse et vous renseignera sur les différentes spécialités qu'il propose.

ÉPICERIE LIBANAISE ET MOYEN-ORIENTALE

www.libanus.com

L'essentiel des ingrédients d'épicerie pour confectionner de bons petits gâteaux libanais mais aussi pour agrémenter vos recettes du Moyen-Orient : pâte de tahina, zaatar..., vous trouverez tout.

ÉPICERIE INDIENNE

Vt Cash and carry

11-15, rue Cail, 75010 Paris

Tél. : 01 40 05 07 18

www.vtcashcarry.kalyanibrand.fr/fr

L'épicerie fétiche des Indiens de Paris : fruits et légumes frais, feuilles de bananier, ustensiles de cuisine, épices, lentilles, affichettes de Shiva... ; également parfait pour se faire livrer.

ÉPICERIE ASIATIQUE (CHINE, THAÏLANDE, JAPON)

Paris-Store

La liste des 20 points de vente est à découvrir sur www.paris-store.com

Le plus gros importateur de produits asiatiques de France. Pas de vente par correspondance, mais 20 points de vente répartis dans toute la France vous permettent de trouver les légumes et fruits frais en provenance directe d'Asie et l'essentiel de l'épicerie chinoise, vietnamienne, thaïlandaise...

ÉPICERIE JAPONAISE

Kioko

46, rue des Petits-Champs, 75002 Paris

Tél. : 01 40 15 62 06

www.kioko.fr

Tous les produits et ingrédients japonais, plus de la vaisselle typique. Quelques recettes des grands classiques japonais sur le site online. Un must pour découvrir le Japon à distance.

ÉPICERIE AMÉRICAINE

Thanksgiving

20, rue Saint-Paul, 75004 Paris

Tél. : 01 42 77 68 29

www.thanksgivingparis.com

La plus vieille épicerie américaine de Paris. Vous y trouverez tous les produits américains de tous les jours, quelques surgelés incontournables comme les bagels mais aussi des produits à commander pour Thanksgiving ou Noël.

ÉPICERIE SUD-AMÉRICAINE

Mercatienda Latina

78, rue de Dunkerque, 75009 Paris

Tél. : 01 45 26 11 80

www.mercatiendalatinafrance.com

Une épicerie colombienne fantastique où trouver la plupart des produits des pays sud-américains. L'accueil y est très chaleureux et les conseils parfaits pour réaliser vos recettes.

LES BONNES ADRESSES DE BOUTIQUES DE DÉCO DU MONDE

Ex & Terra

83, rue de Dunkerque, 75009 Paris
Tél. : 09 50 57 18 40
www.ex-et-terra.com
Du lundi au dimanche, de 12 h à 20 h. Pour leurs arrivages incessants de déco venue du monde entier : Mexique, Chine, Inde, Liban…

Krea 99

83 rue de Dunkerque, 75009 Paris
Tél. : 01 45 26 62 24
Du mardi au samedi, de 12 h 30 à 20 h.
Une fourmillante boutique d'accessoires et d'objets déco toujours bien sentis, avec une touche asiatique du propriétaire en plus.

Le Fiacre Anglais

24, boulevard des Filles-du-Calvaire, 75011 Paris
Tél. : 01 43 57 15 50
www.lefiacreanglais.com
Pour l'accueil chaleureux que nous réservent les propriétaires et pour l'immense choix de vaisselle anglaise : plats de service, mugs, théières, accessoires complètement brit.

La Cabane de l'Ours

23, rue Saint-Paul, village Saint-Paul, 75004 Paris.
Tél. : 01 42 71 01 49
www.lacabanedelours.com
Pour ses meubles et tapis navajos, sa vaisselle Pendleton ainsi que ses crânes et ex-voto mexicains. Et surtout, pour la passion des peuples d'Amérique que parvient à transmettre la propriétaire des lieux.

Pankaj Sharma

www.pankaj-boutique.com
Déco, vêtements, ustensiles de cuisine…, tout est importé directement d'Inde, authentique ! À découvrir aussi le blog où sont proposés des recettes et des pas à pas de cuisine.

Souk Oriental

www.souk-oriental.com
Une boutique en ligne d'artisanat maghrébin. La plupart des produits d'artisanat de Tunisie, Maroc, Algérie sont disponibles sur le site : draps de hammam, ustensiles de cuisine en olivier…

La Swedish Shop

www.swedishop.eu
Une boutique en ligne proposant accessoires déco, vêtements pour enfants, linge de maison et œuvres de créateurs scandinaves.

ÉQUIVALENCES

Mesures liquides

Système métrique	Système américain	Autre nom
5 ml	1 cuillère à thé (cuillère à café française)	
15 ml	1 cuillère à table (cuillère à soupe française)	
35 ml	1/8 cup (tasse française)	1 oz
65 ml	1/4 cup ou 1/4 grand verre	2 oz
125 ml	1/2 cup ou 1/2 grand verre	4 oz
250 ml	1 cup ou 1 grand verre	8 oz
500 ml	2 cups ou 1 pinte	
1 litre	4 cups ou 2 pintes	

Mesures solides

Système métrique	Système américain	Autre nom
30 g	1 oz	
55 g	1/8 lbs	2 oz
115 g	1/4 lbs	4 oz
170 g	3/8 lbs	6 oz
225 g	1/2 lbs	8 oz
454 g	1 livre	16 oz

Chaleur du four

Chaleur	°C	Thermostat	°F
Très doux	70 °C	Th. 2-3	150 °F
Doux	100 °C	Th. 3-4	200 °F
	120 °C	Th. 4	250 °F
Moyen	150 °C	Th. 5	300 °F
	180 °C	Th. 6	350 °F
Chaud	200 °C	Th. 6-7	400 °F
	230 °C	Th. 7-8	450 °F
Très chaud	260 °C	Th. 8-9	500 °F

Royal Bouquet
Fine Bone China Mug
Portland Queen
Fine Bone China Mug
Queen Elizabeth
Fine Bone China Mug
Royal Bouquet
Fine Bone China Mug
Crocus
February
April
Narcissus
Snowdrop
January
Pansy
May
DUNOON
FINE BONE CHINA
FLYING SCOTSMAN
MADE IN ENGLAND

MERCI !

• Un immense merci à tous les beaux sourires qui illustrent ce livre : Petra et ses enfants Livia et Léon, Cedrick, Irène, Barbara et ses enfants Balsane et Basile, Suzanne et Bénédicte, Gaby et Malou, Linda et ses filles Inès et Rania, Xavier du Fiacre, Silvia de Coisas de Brasil, Tom et Quentin de Bagel Tom, Eugenia de Pao Quente, David de Krea 99, et mon Raphaël d'amour !

• Merci à tous les propriétaires des lieux dans lesquels nous nous sommes rendus pour nous avoir autorisés à y faire de belles photos.

• Merci à Guillaume pour son sourire légendaire et ses radieuses photos !

• Merci à Ayumi pour ses tee-shirts chat, et son aide dans la logistique Rainbow !

Direction éditoriale : Anne La Fay
Édition : Adèle Vay
Direction de création : Laurent Quellet
Direction artistique : Chloé Eve
Fabrication : Thierry Dubus et Gwendoline Da Rocha
Relecture : Armelle et Bernard Heron

N° d'édition : M14025
ISBN : 9782317007644
Code MDS : 76298
Photogravure : Amalthéa
Achevé d'imprimer en juillet 2014
par Graficas Estella - Espagne
Dépôt légal : août 2014
Édition N°1

www.facebook.com/mangocuisine

www.mangoeditions.com

DANS LA MÊME COLLECTION :